Mandala

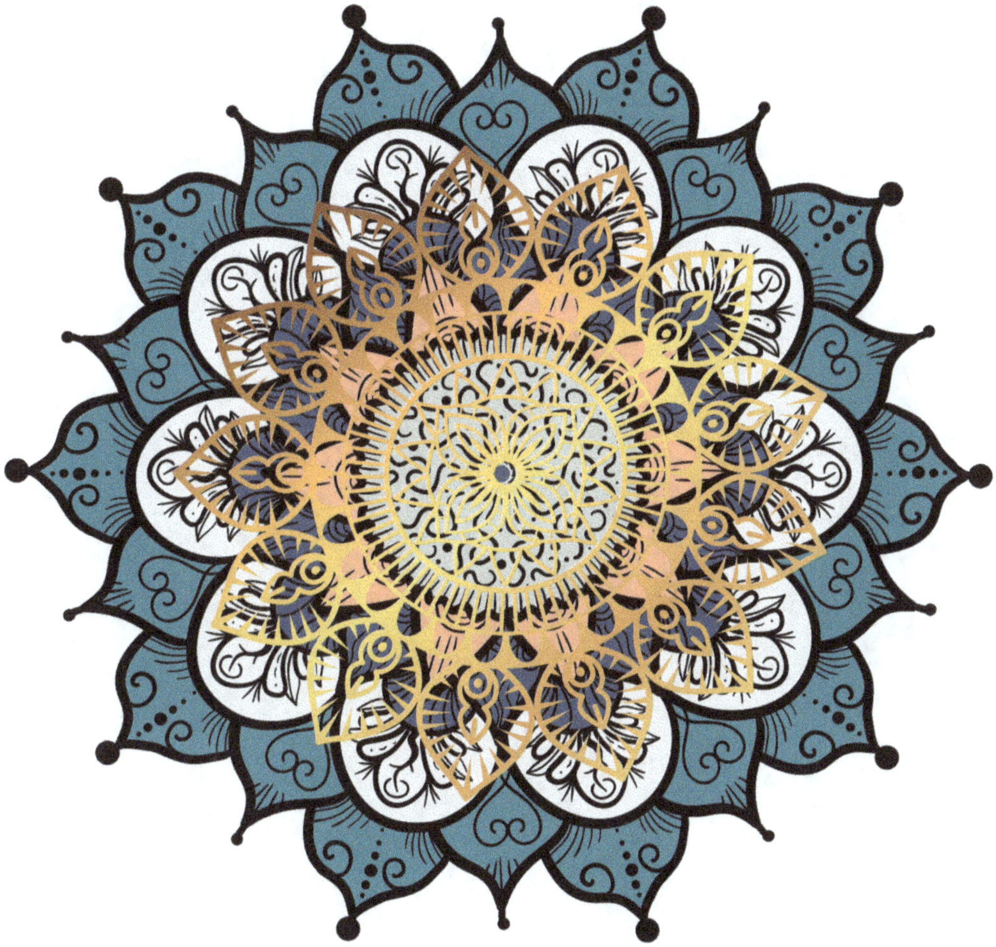

Art Workbook 3

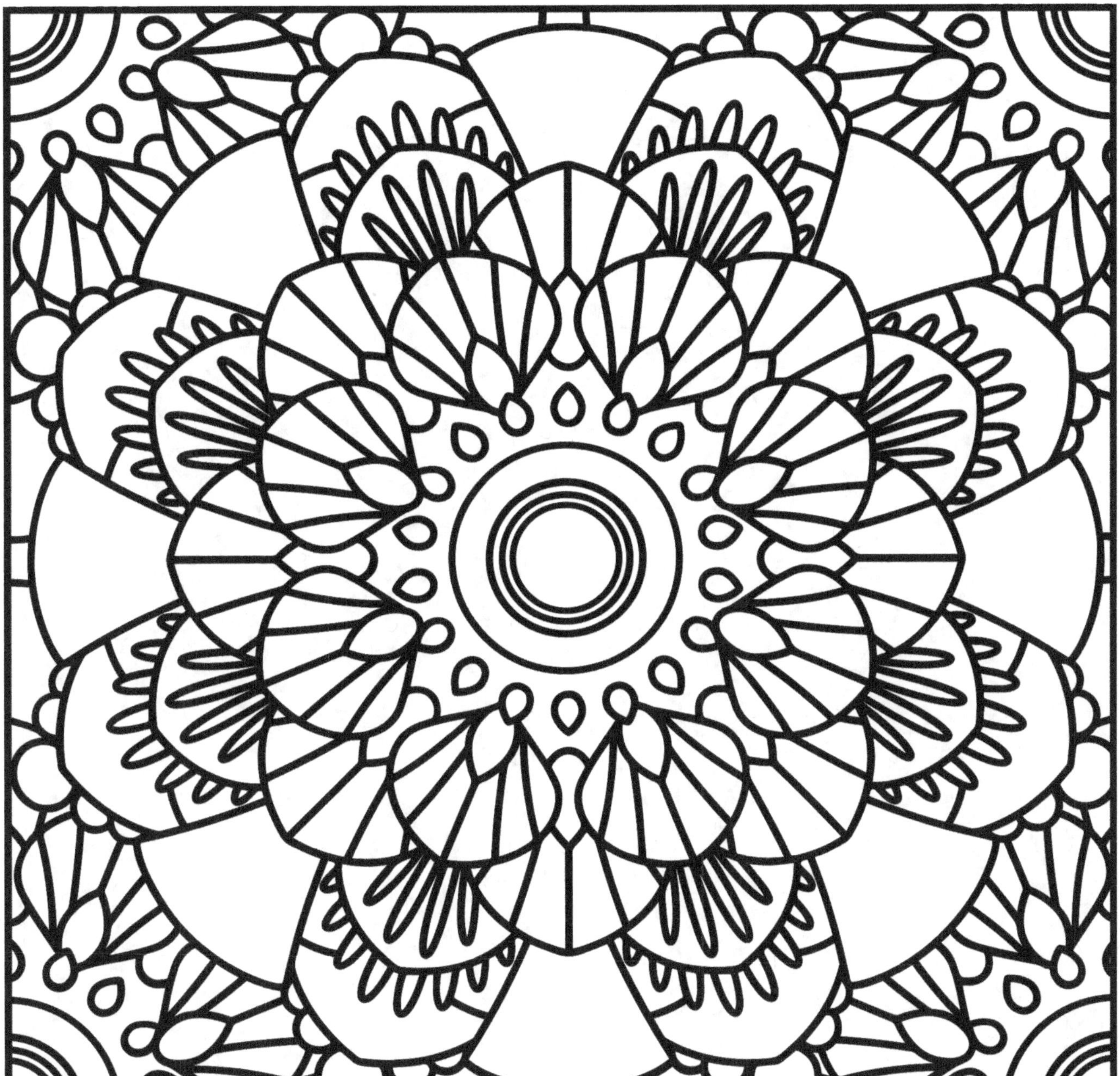

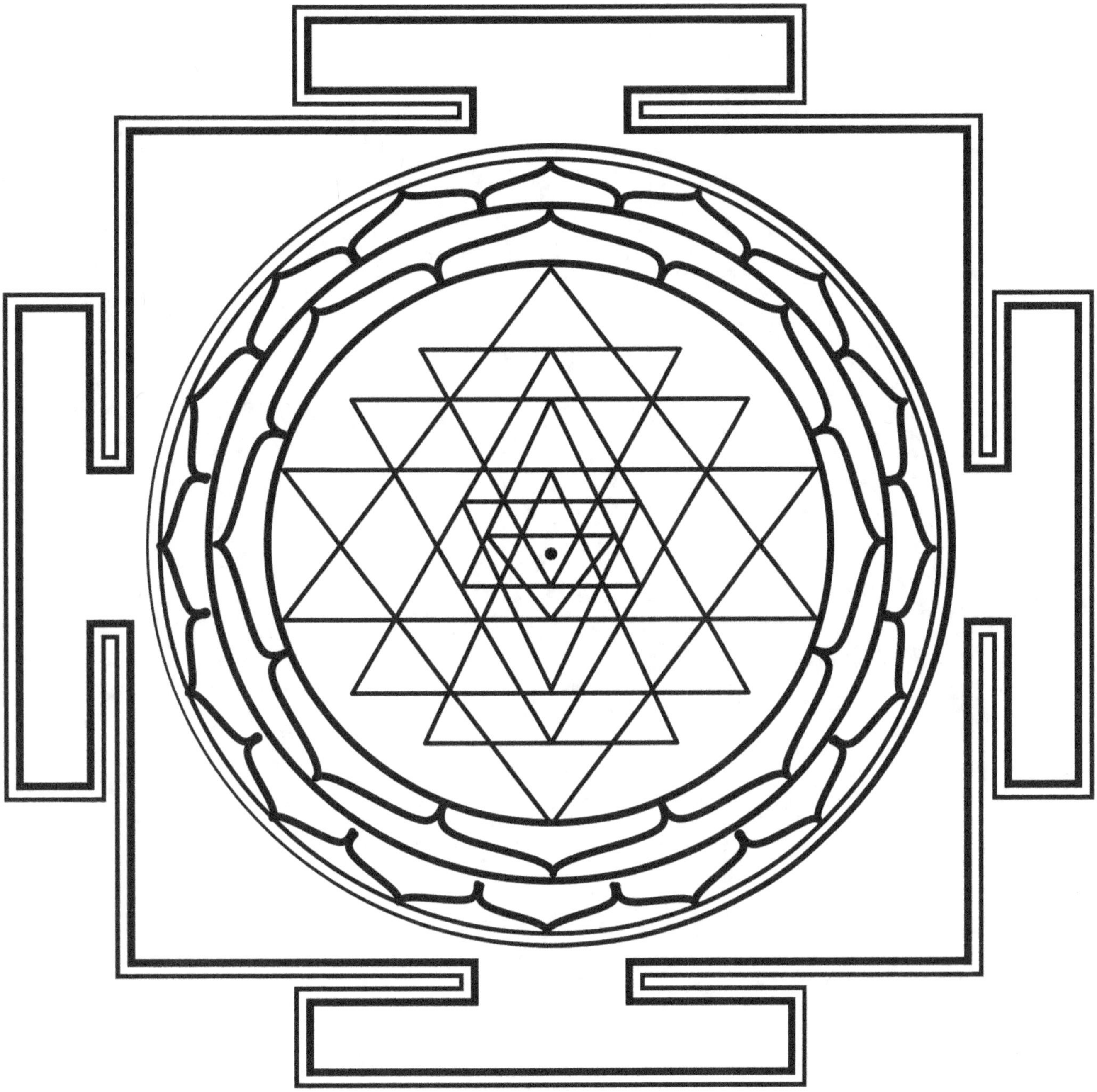

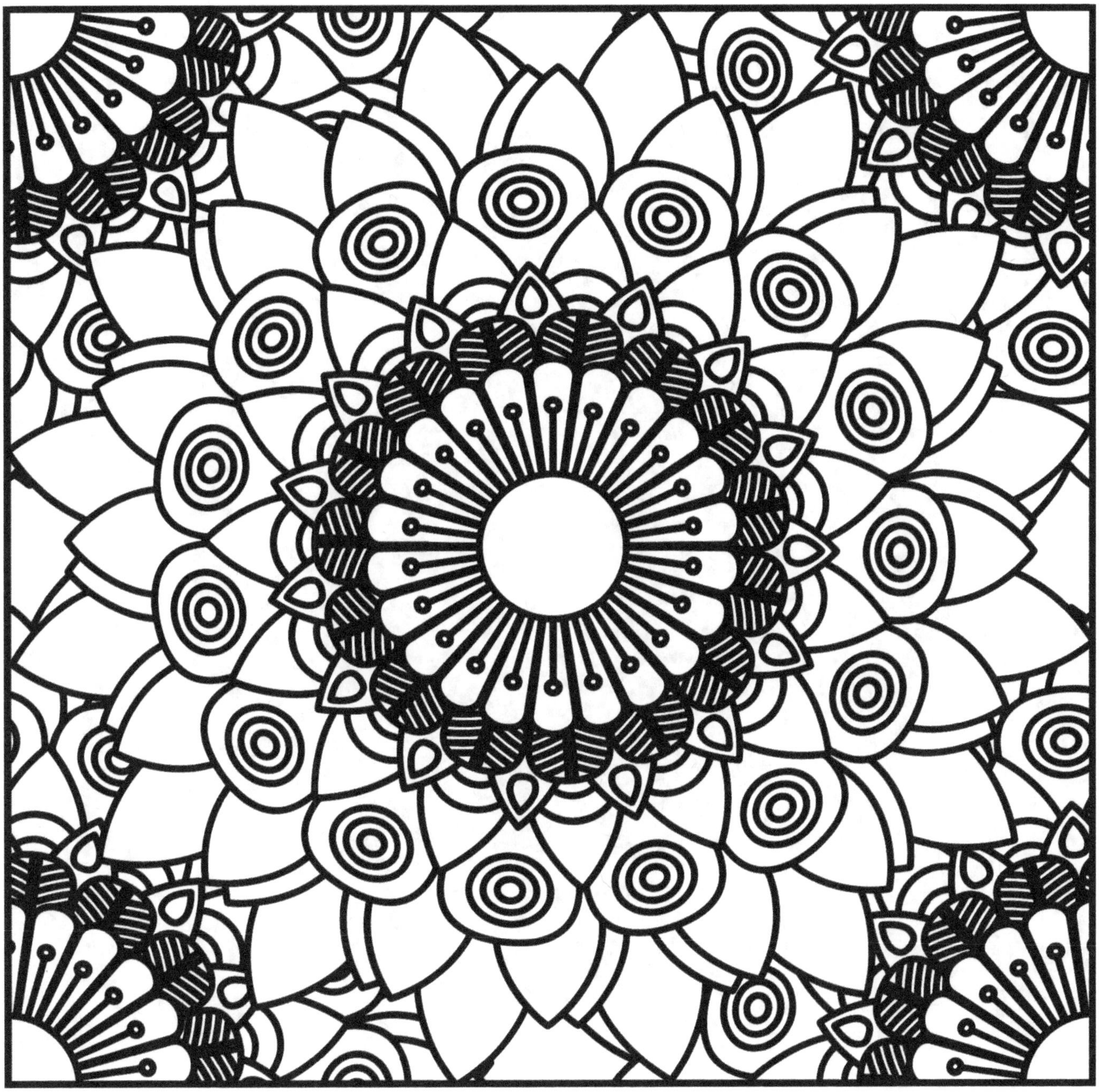

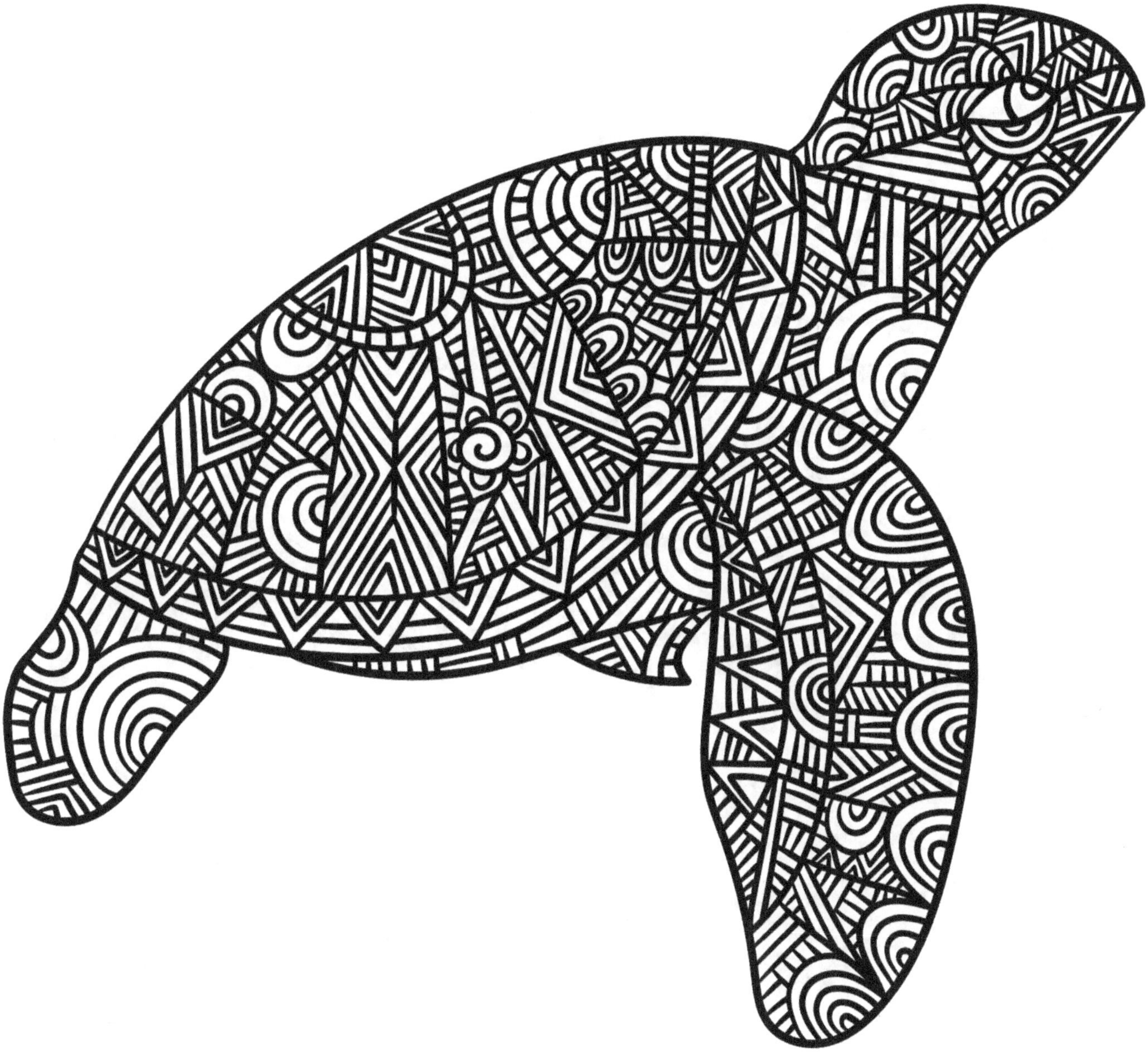

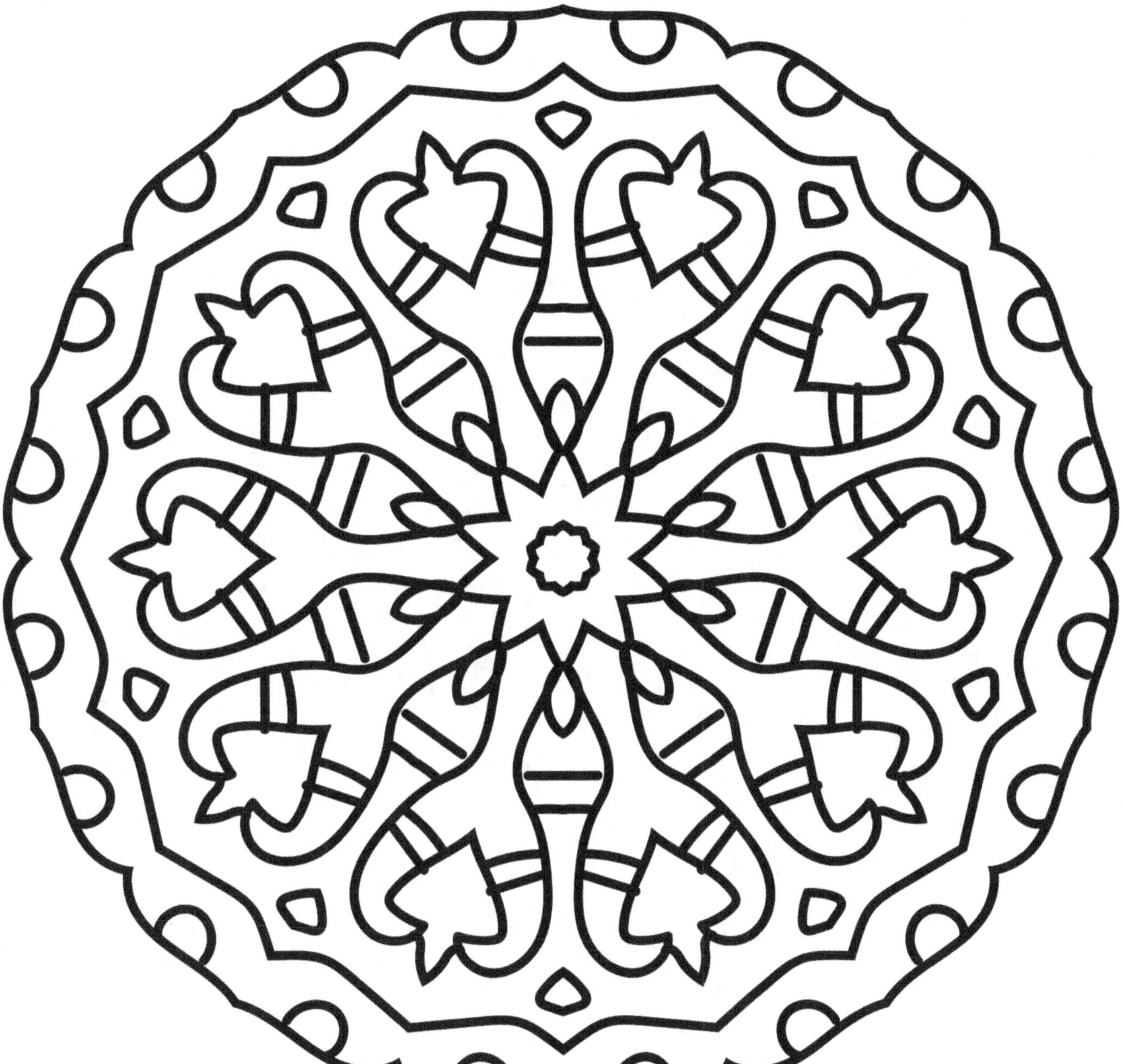

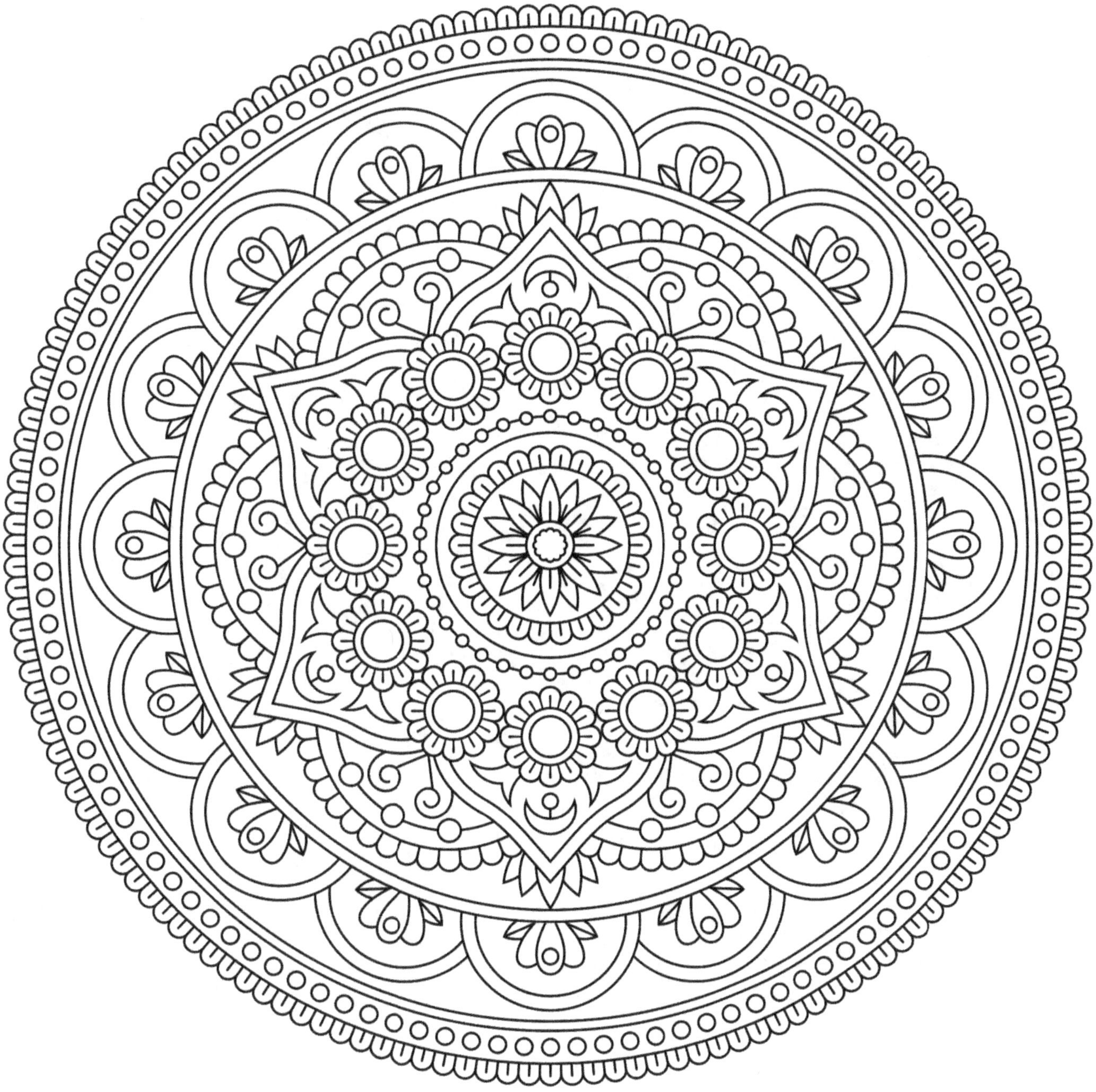

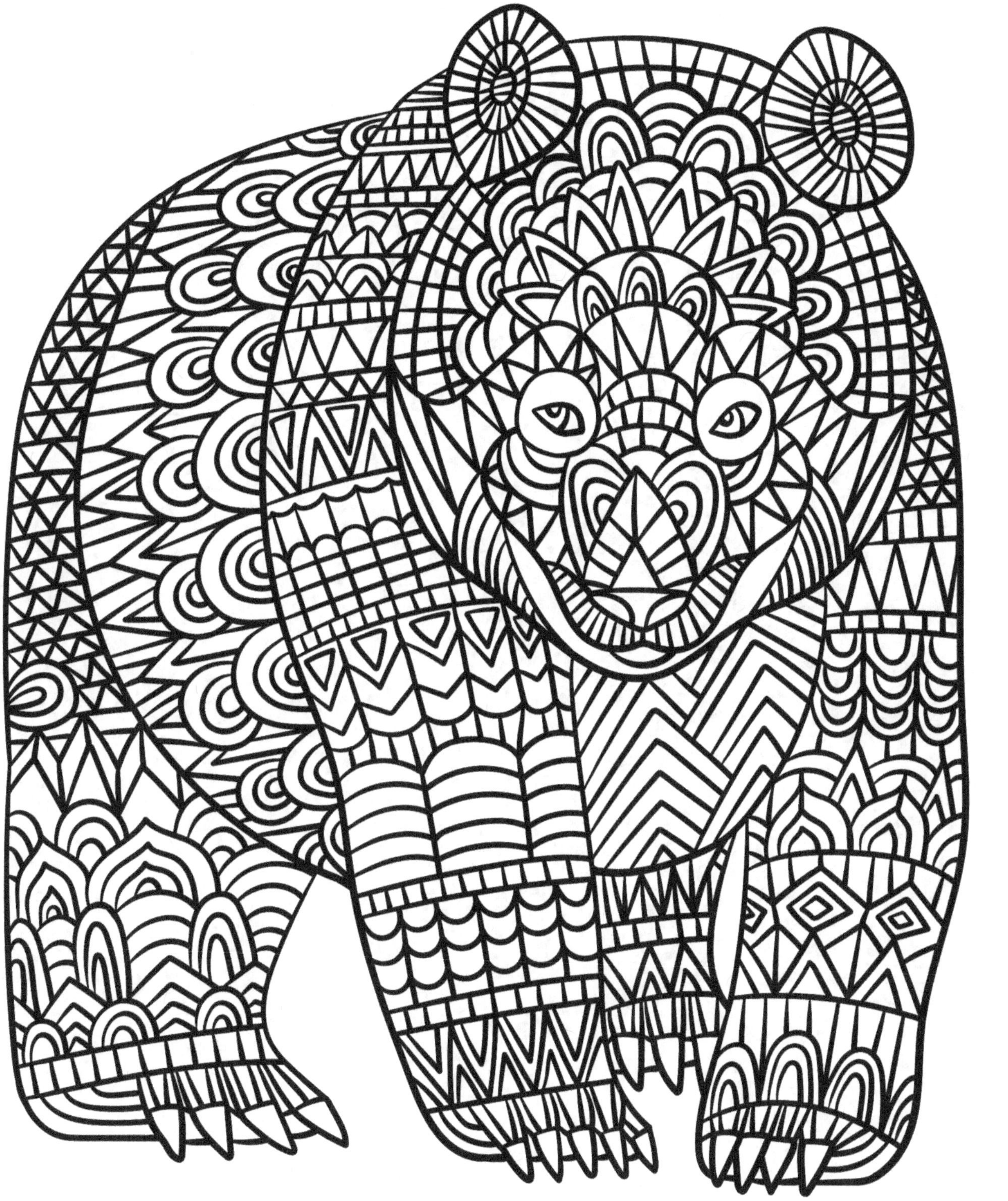

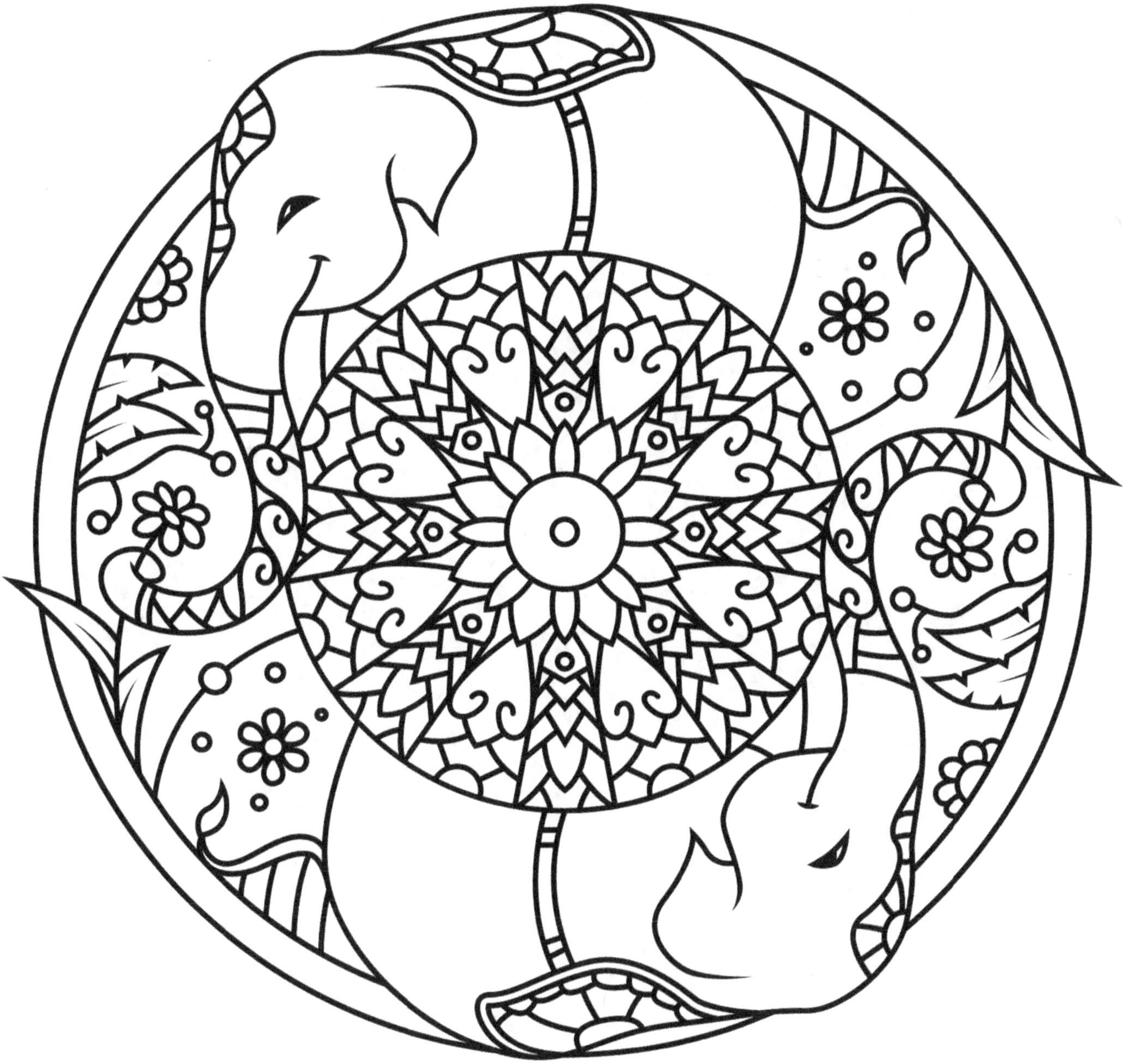

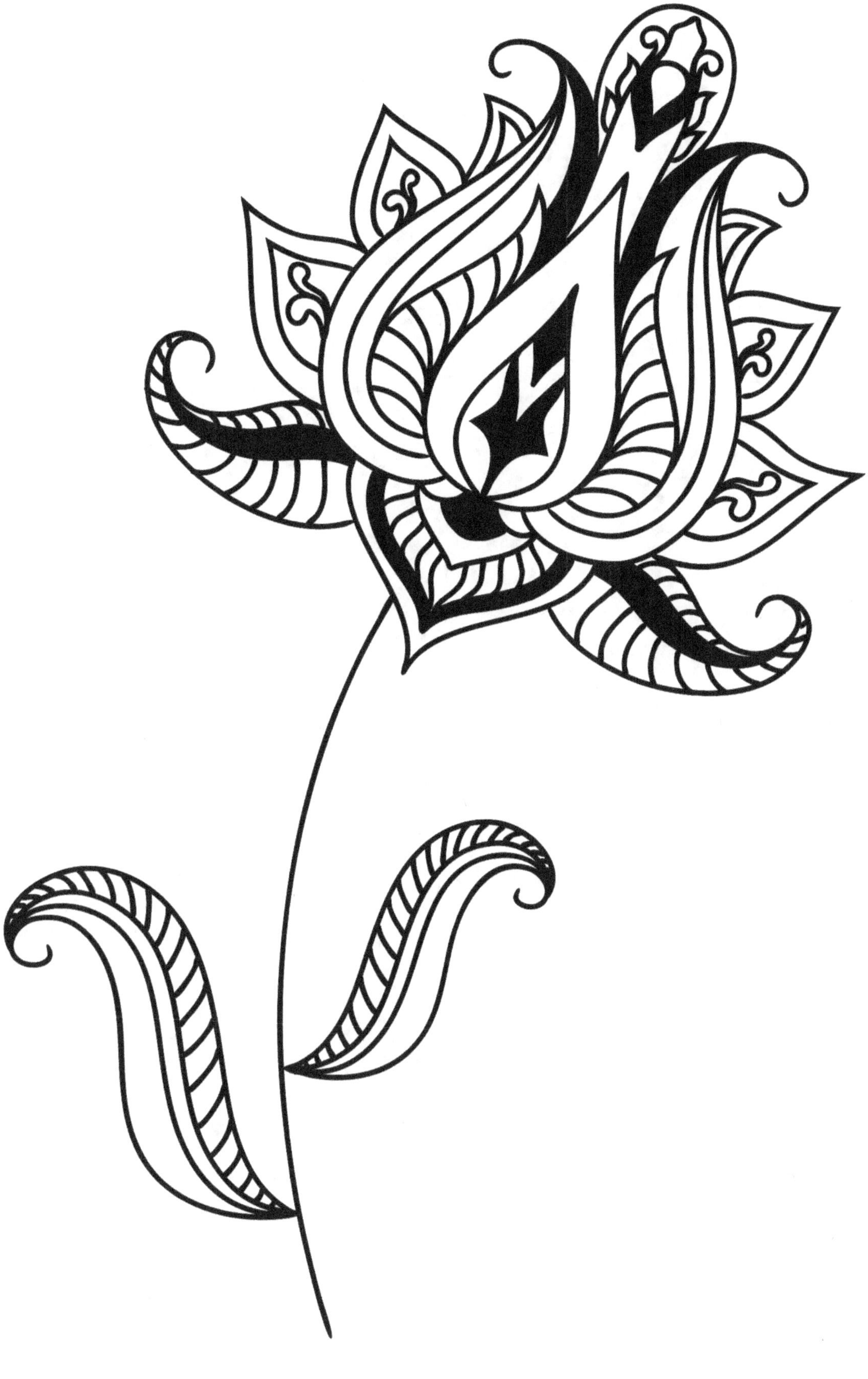

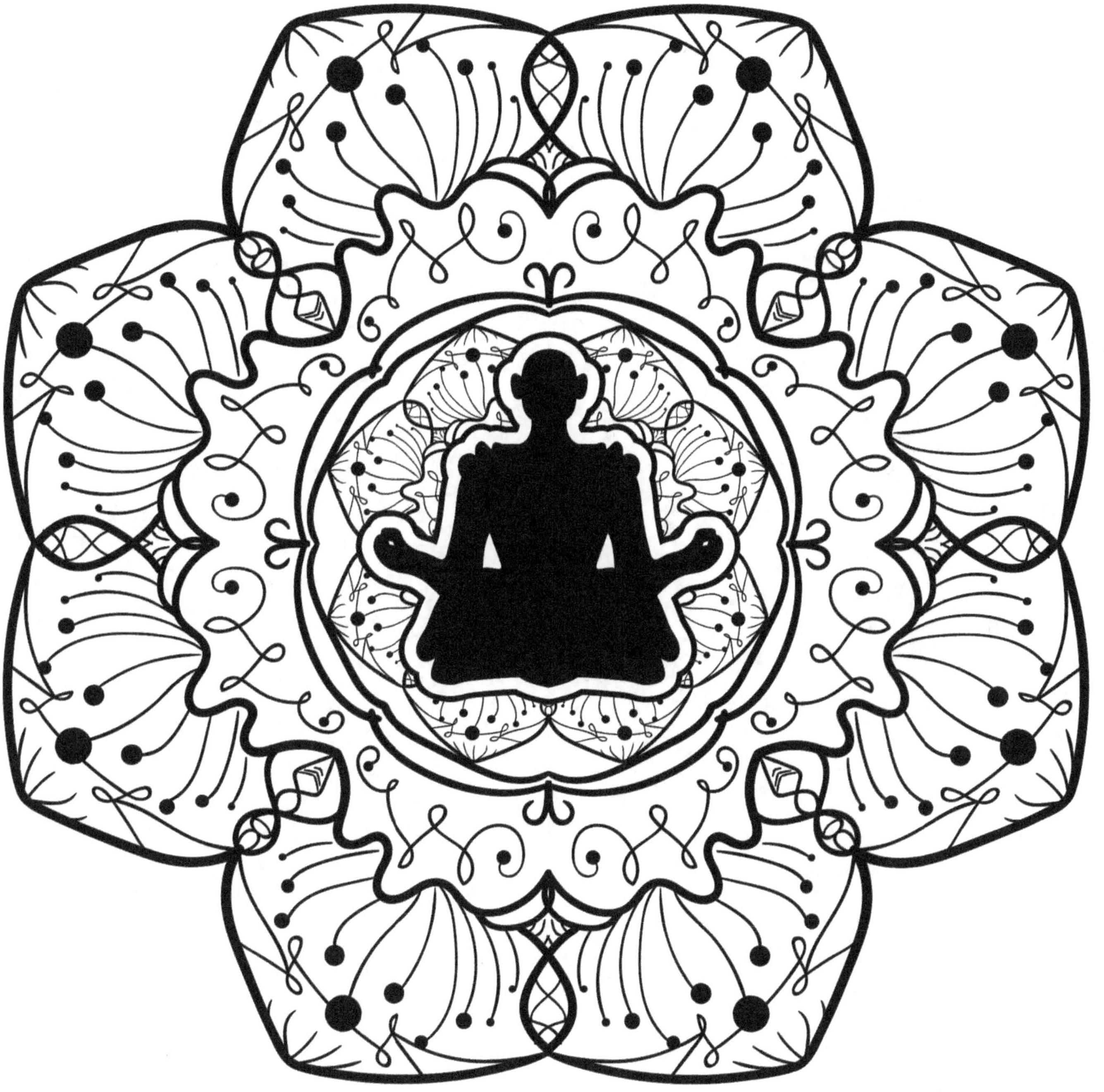

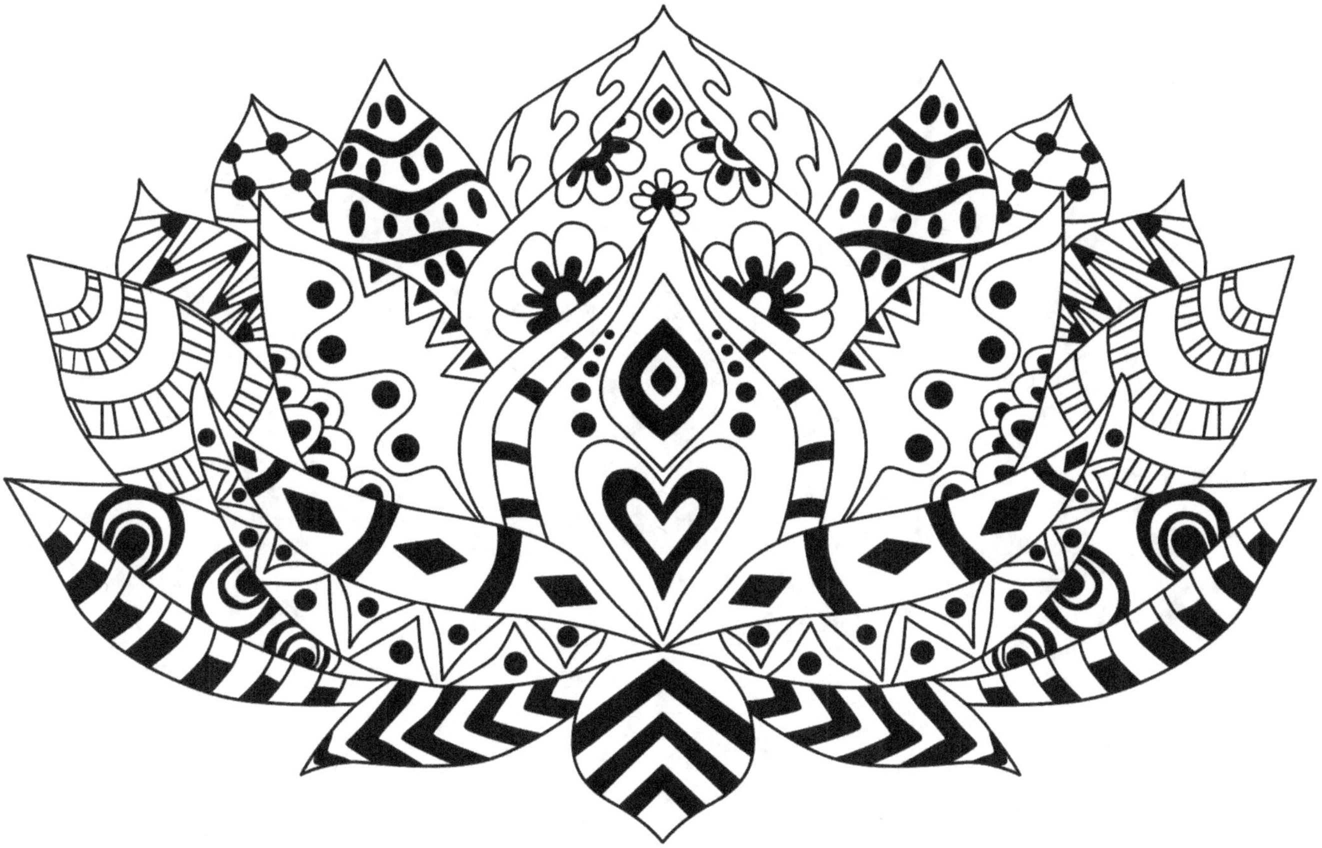

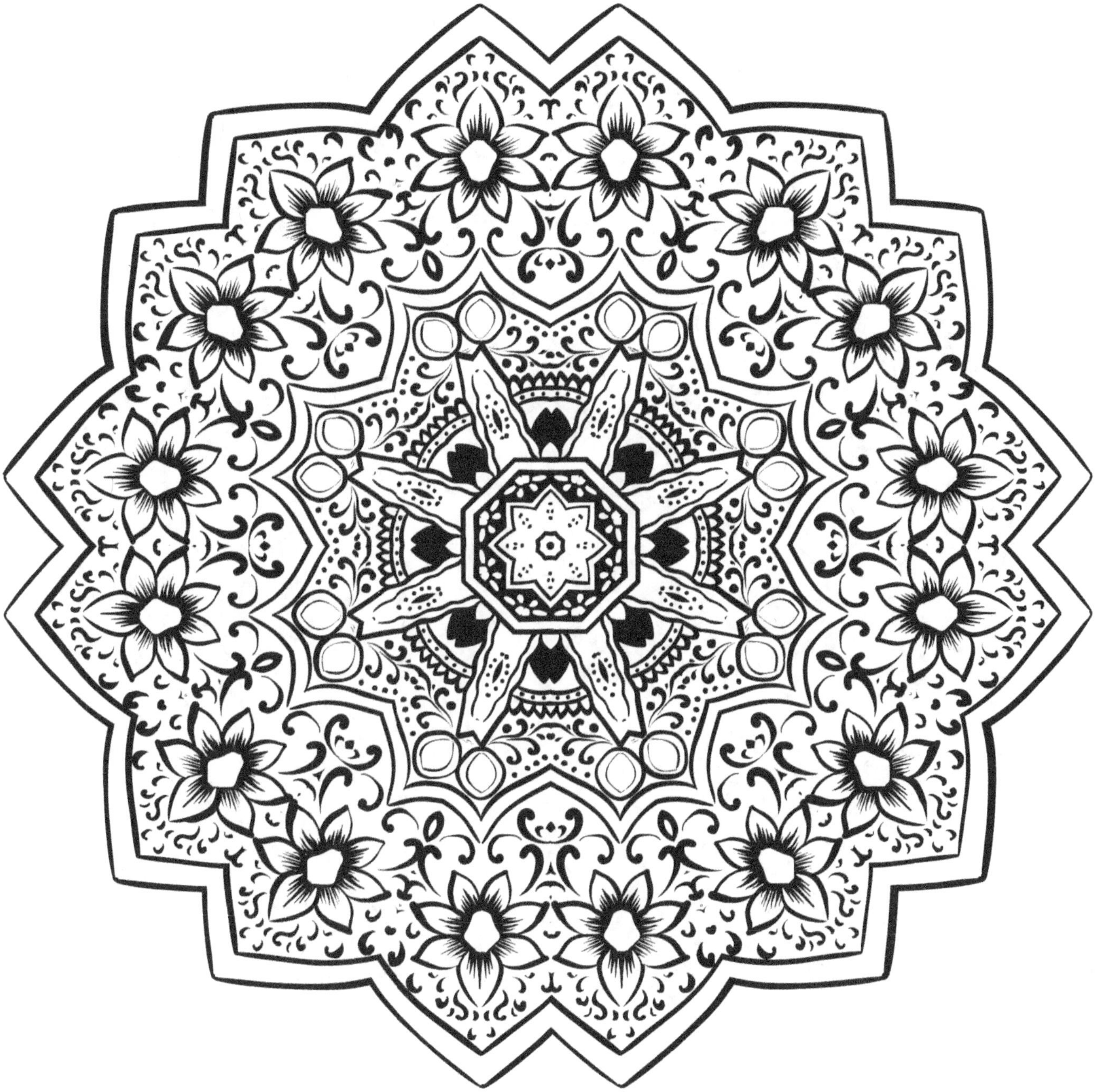

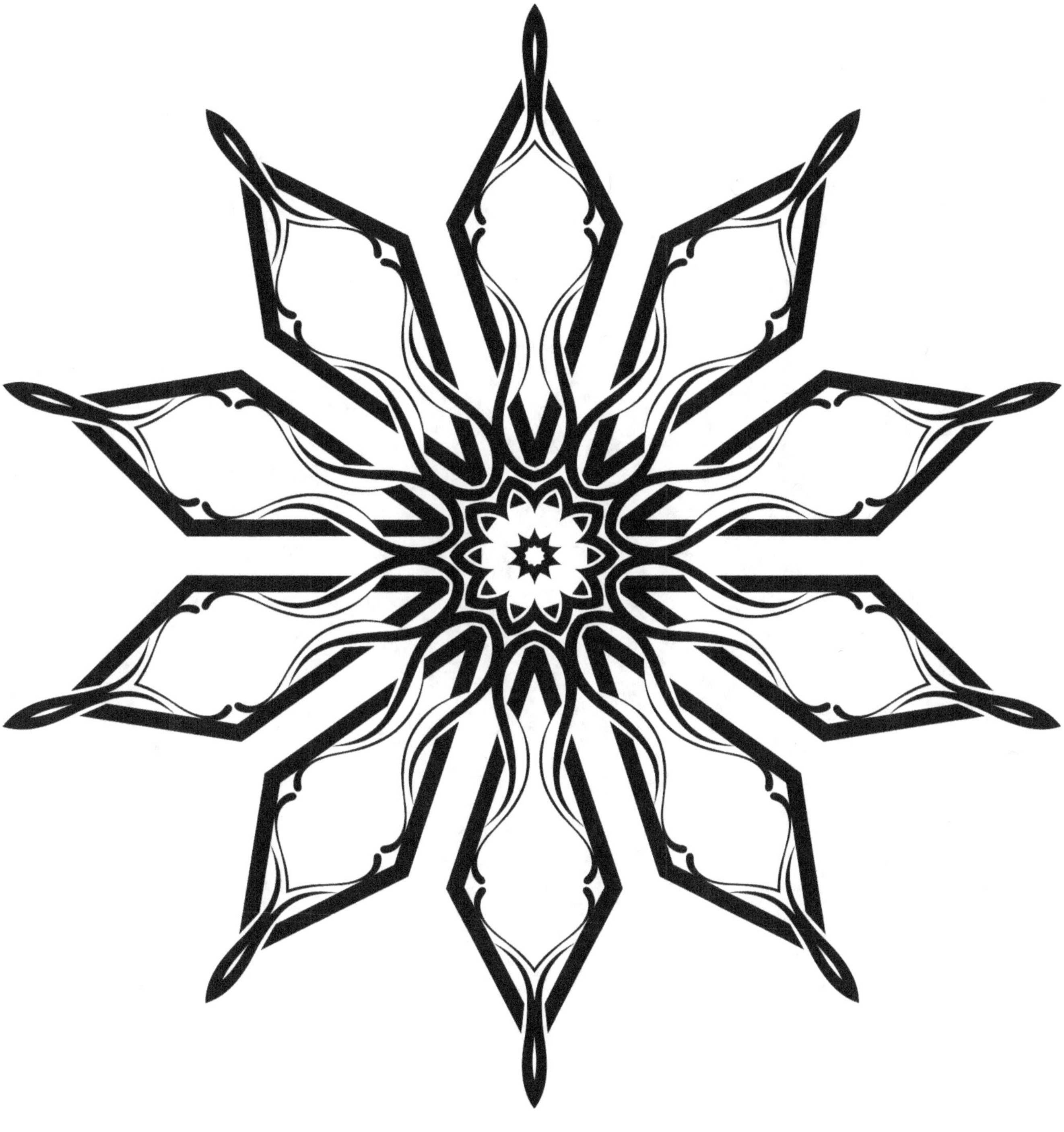

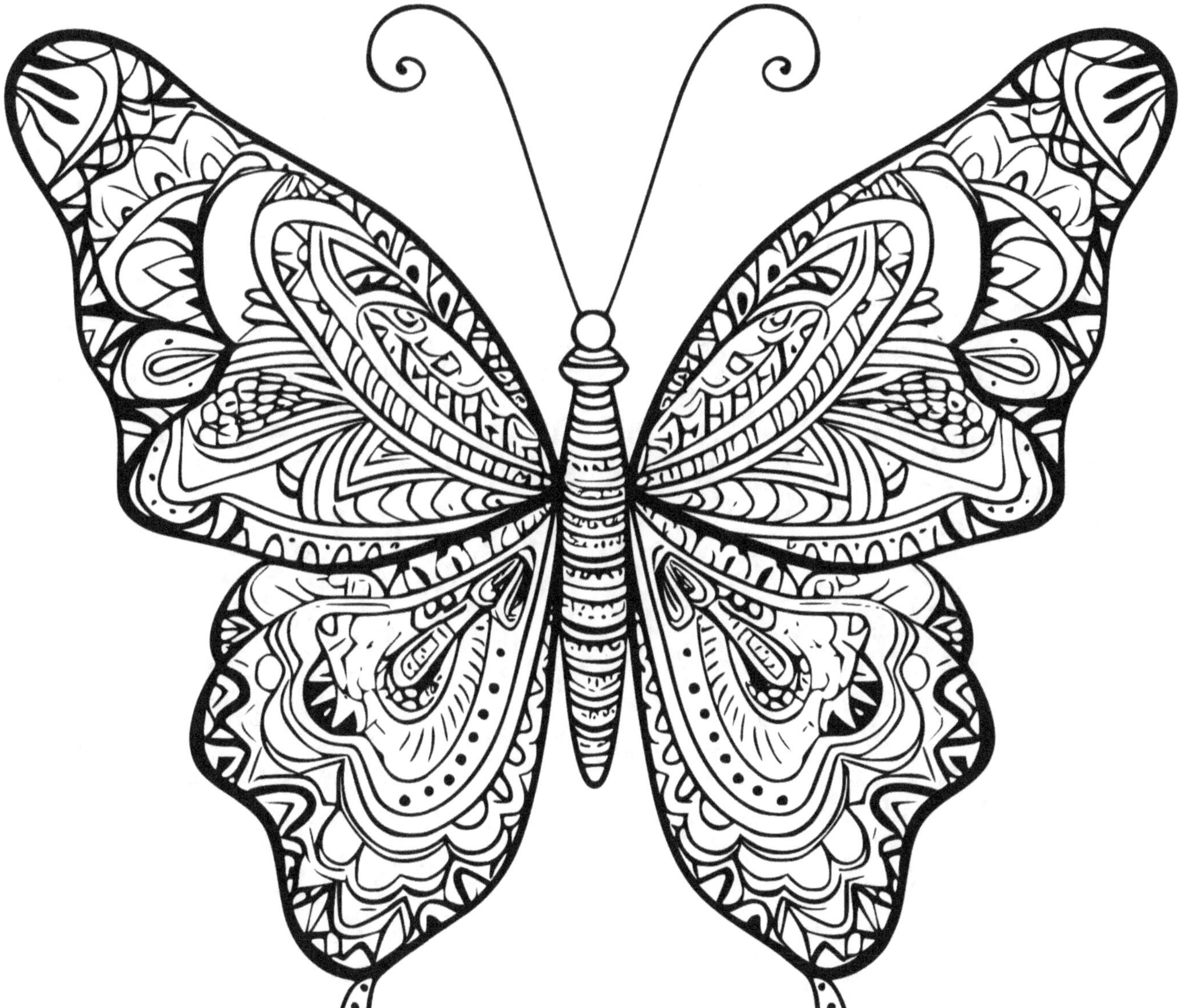

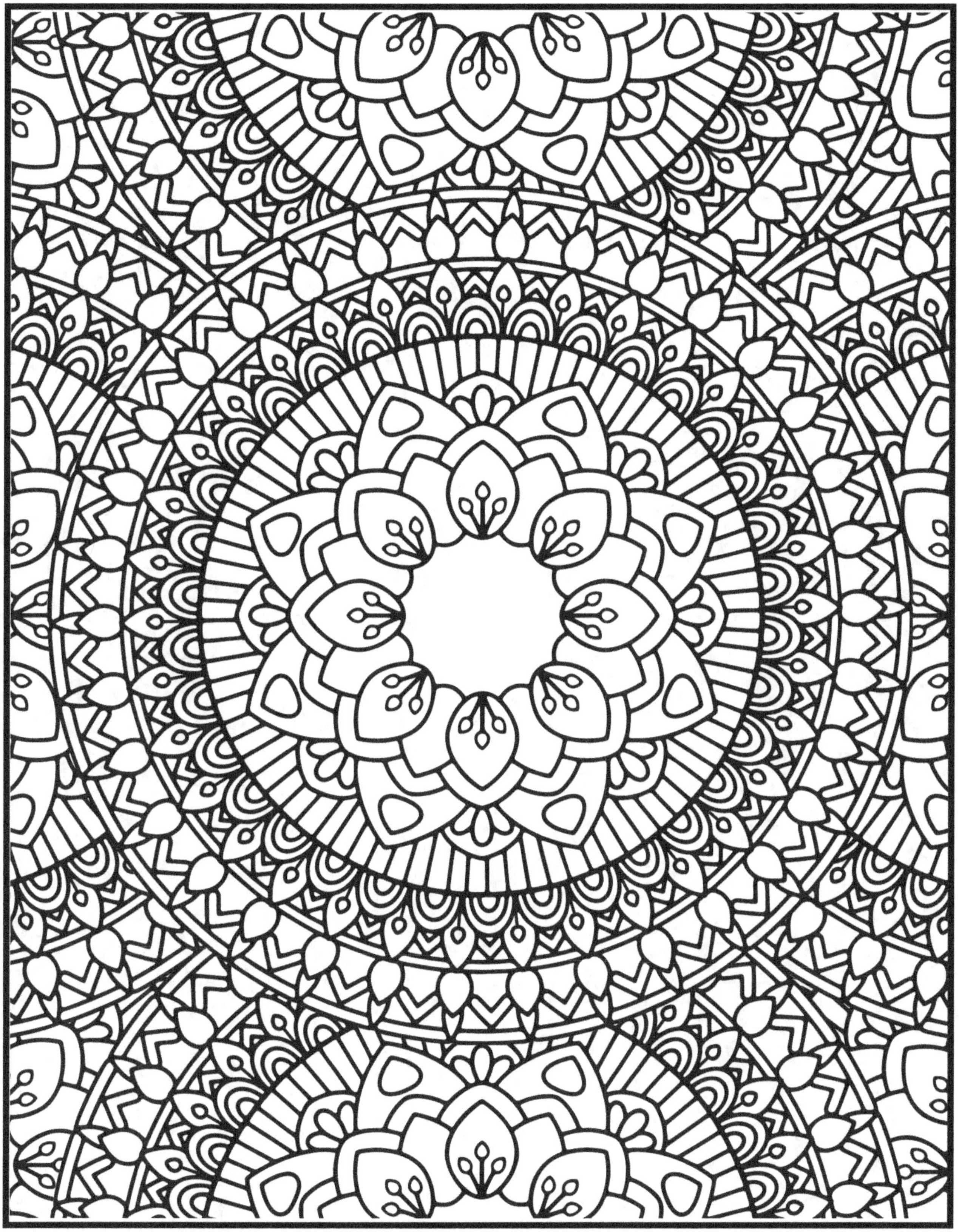

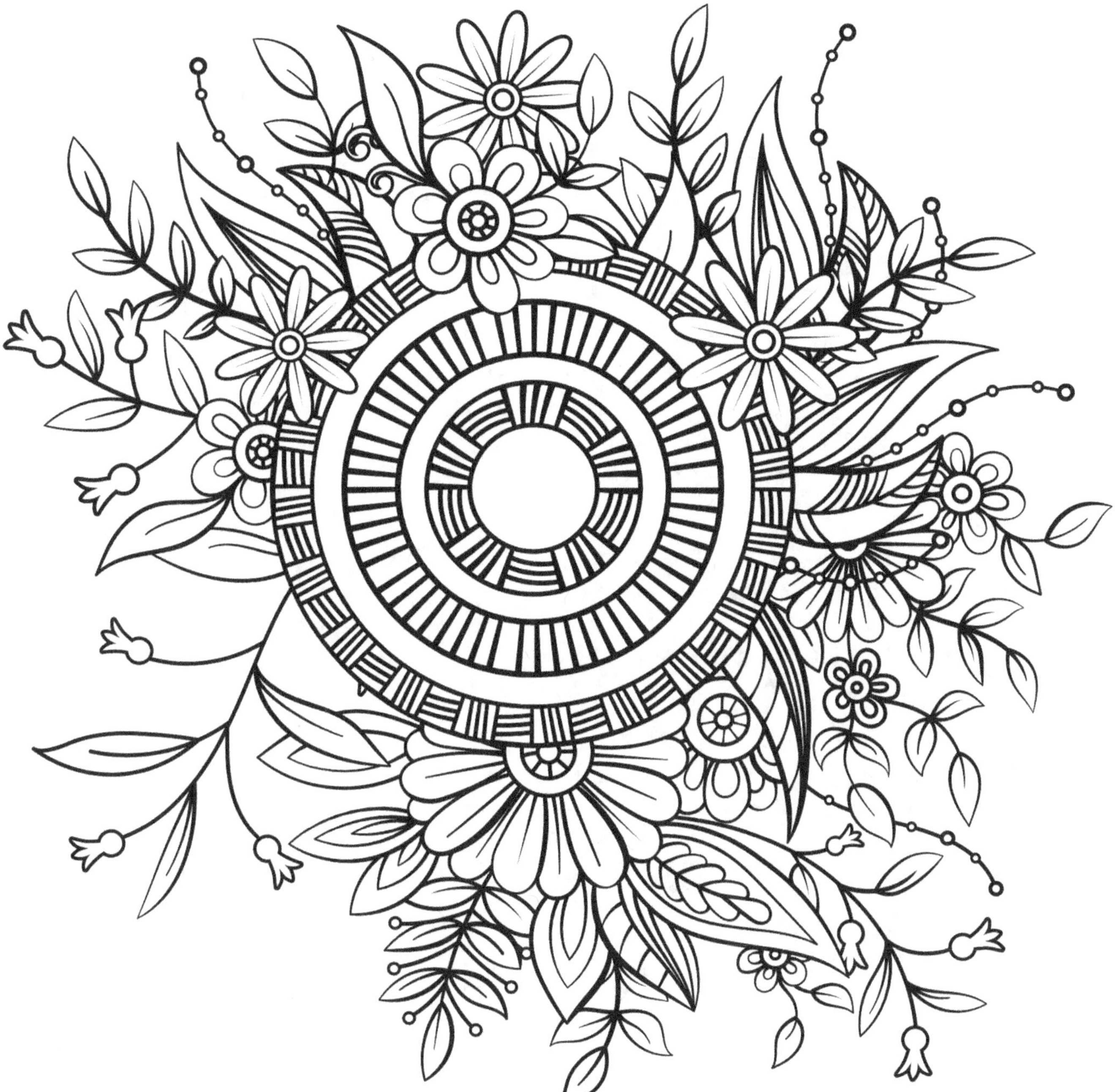

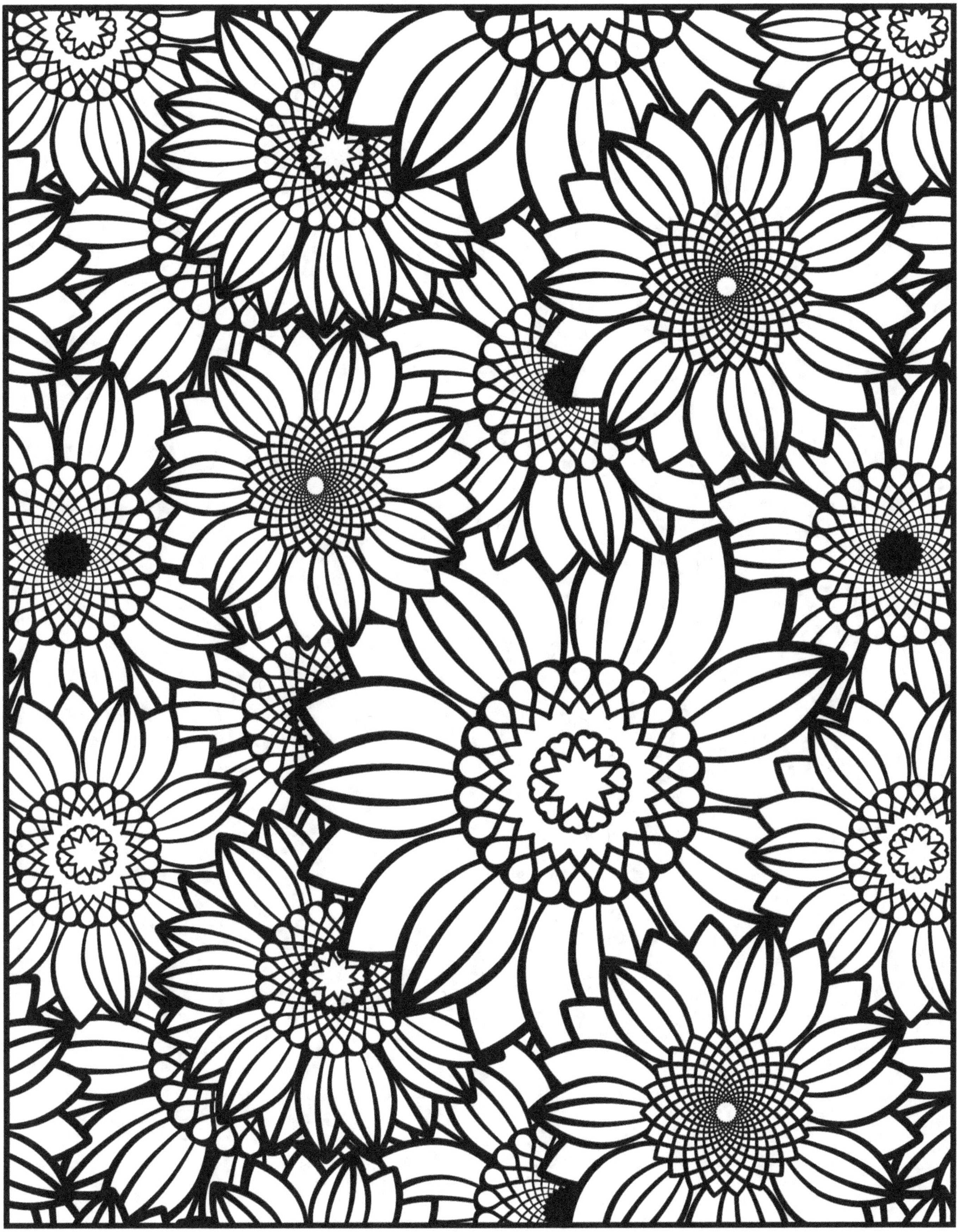

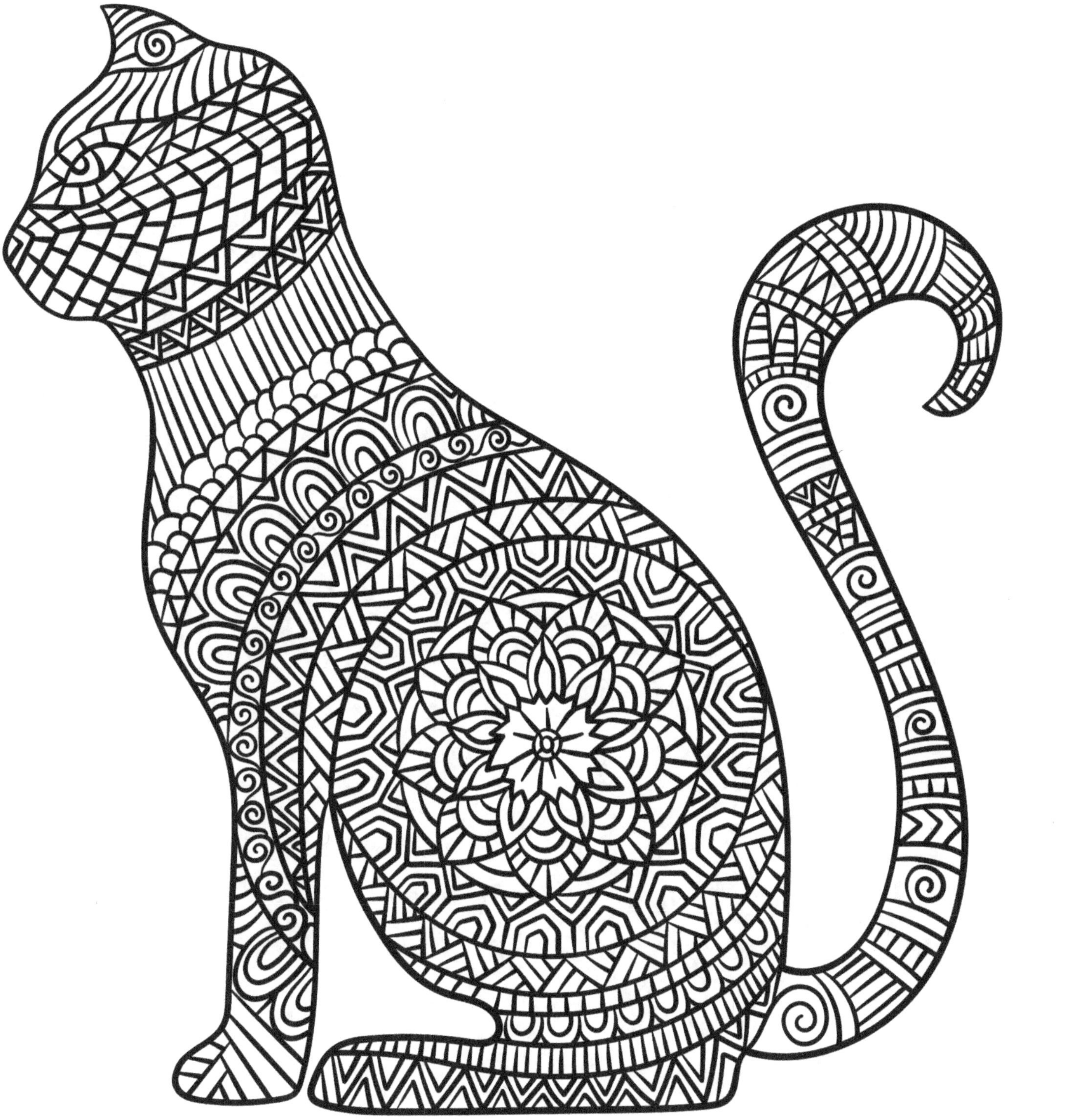

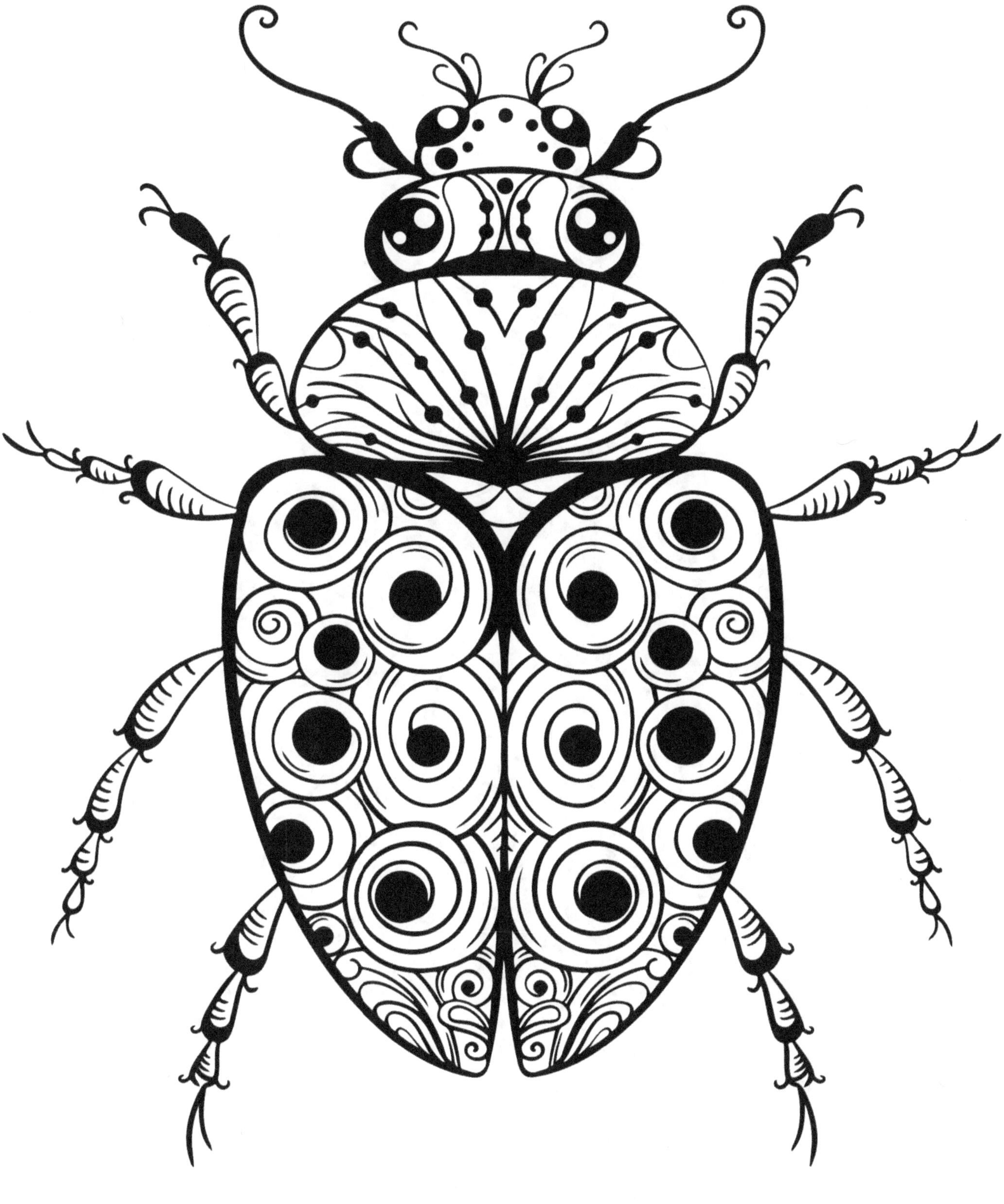

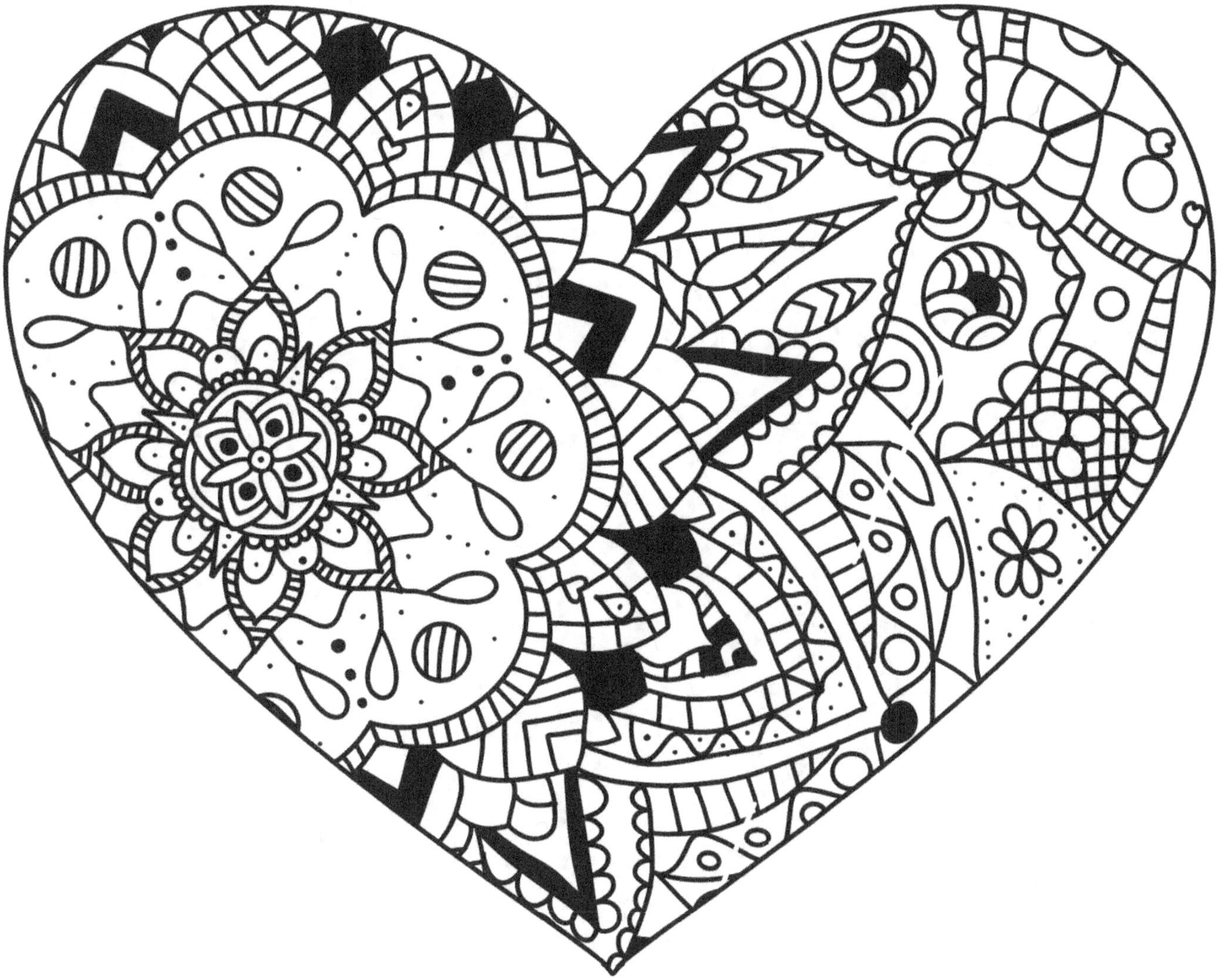

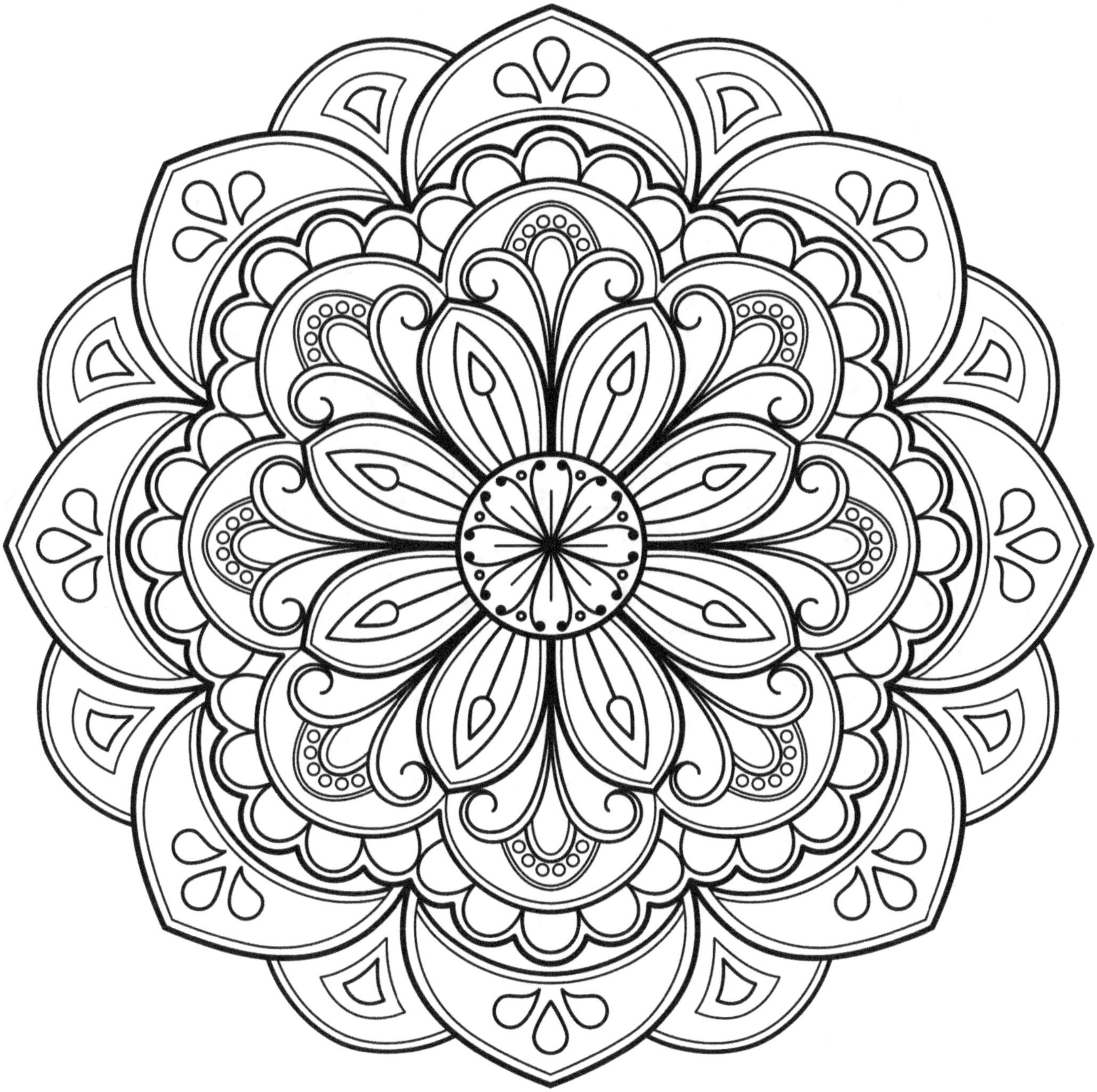

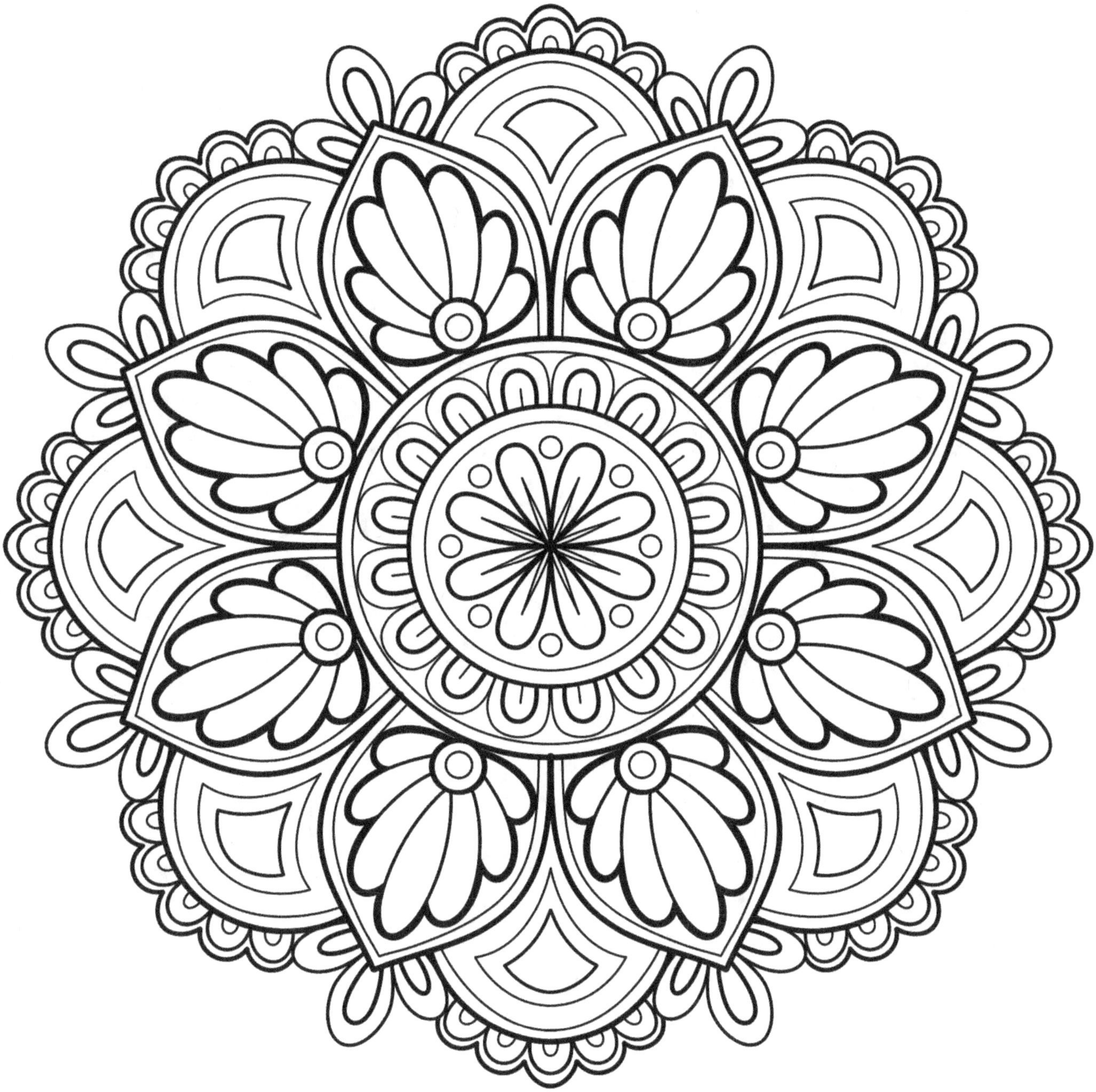

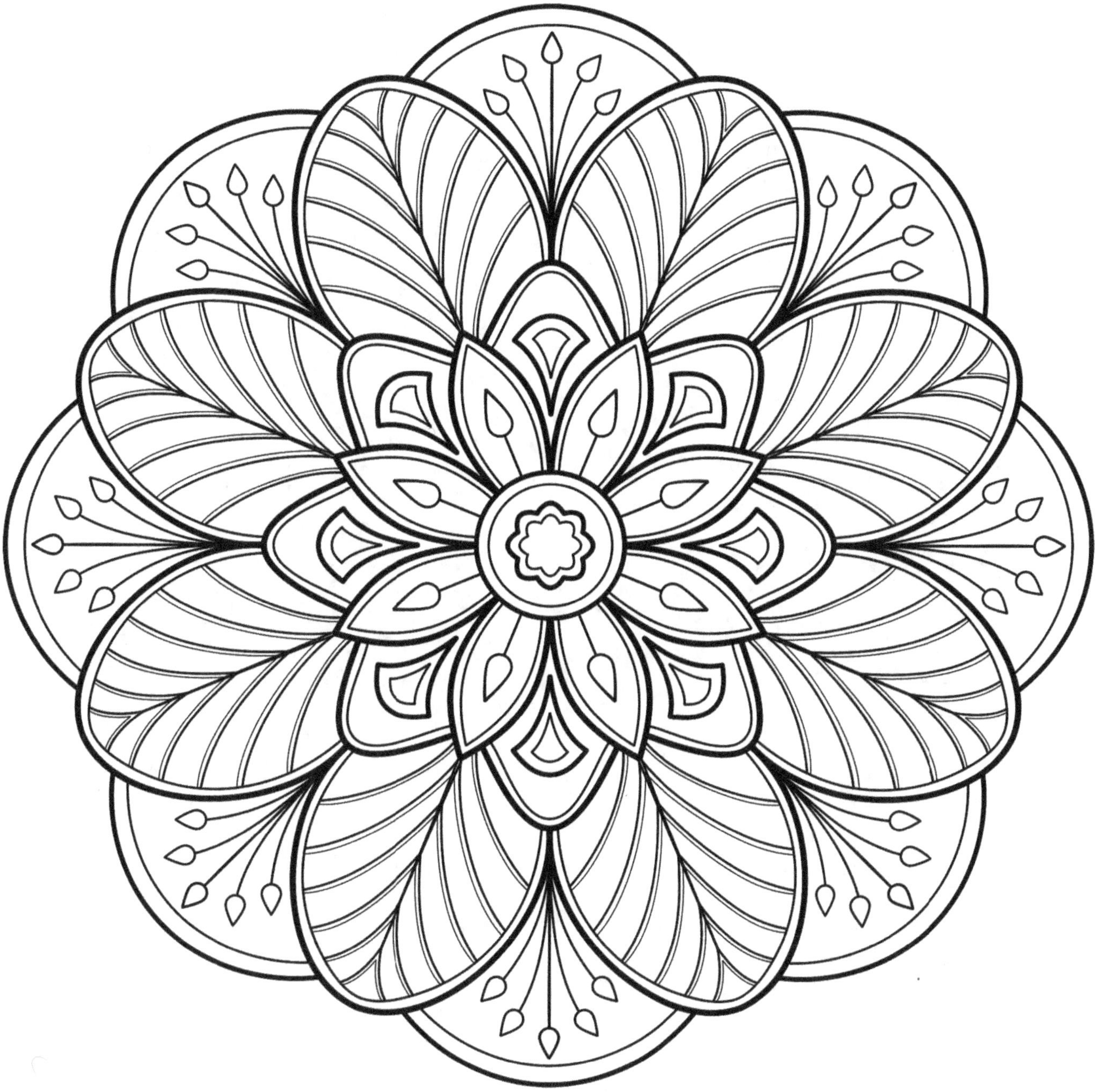

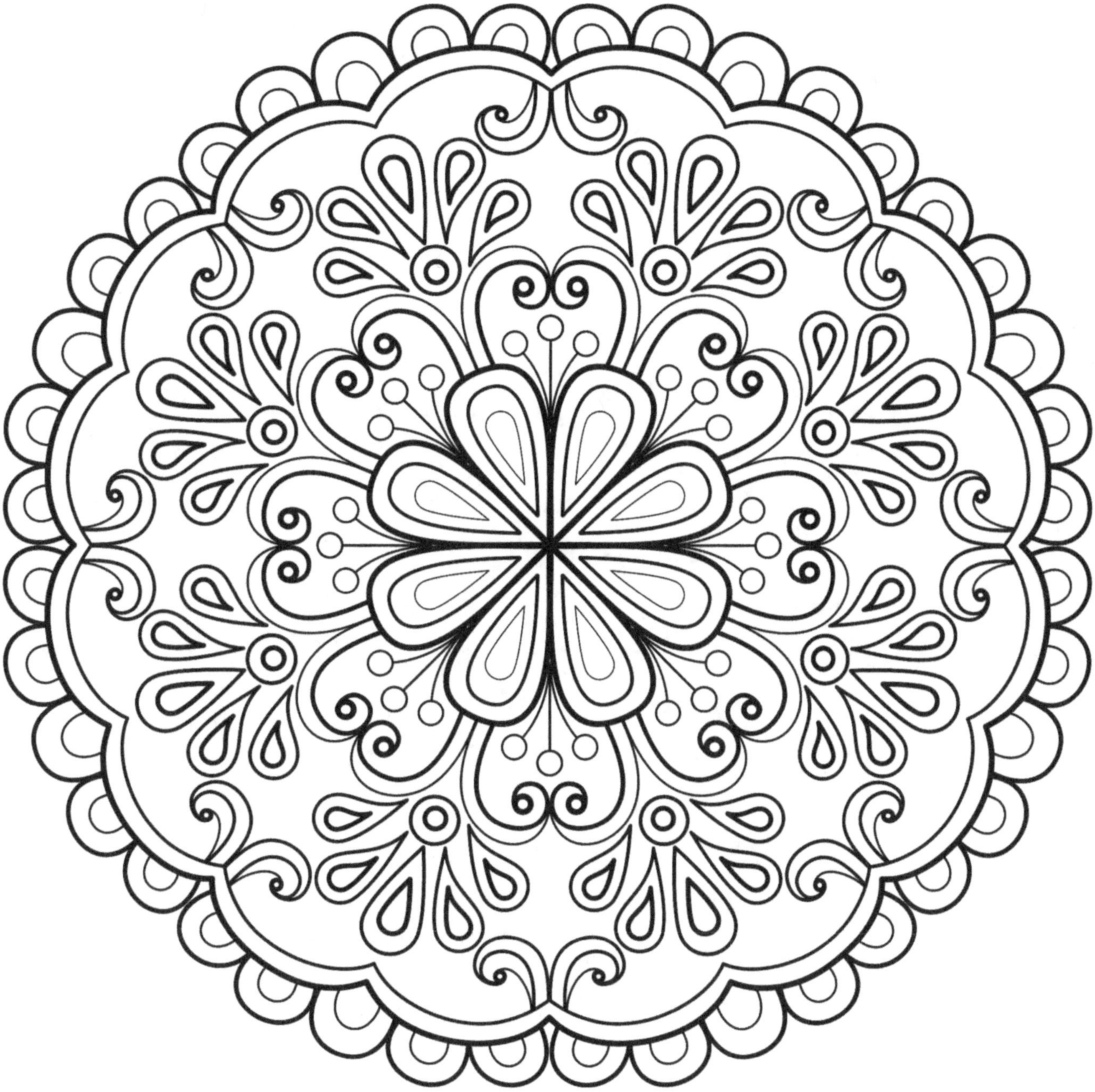

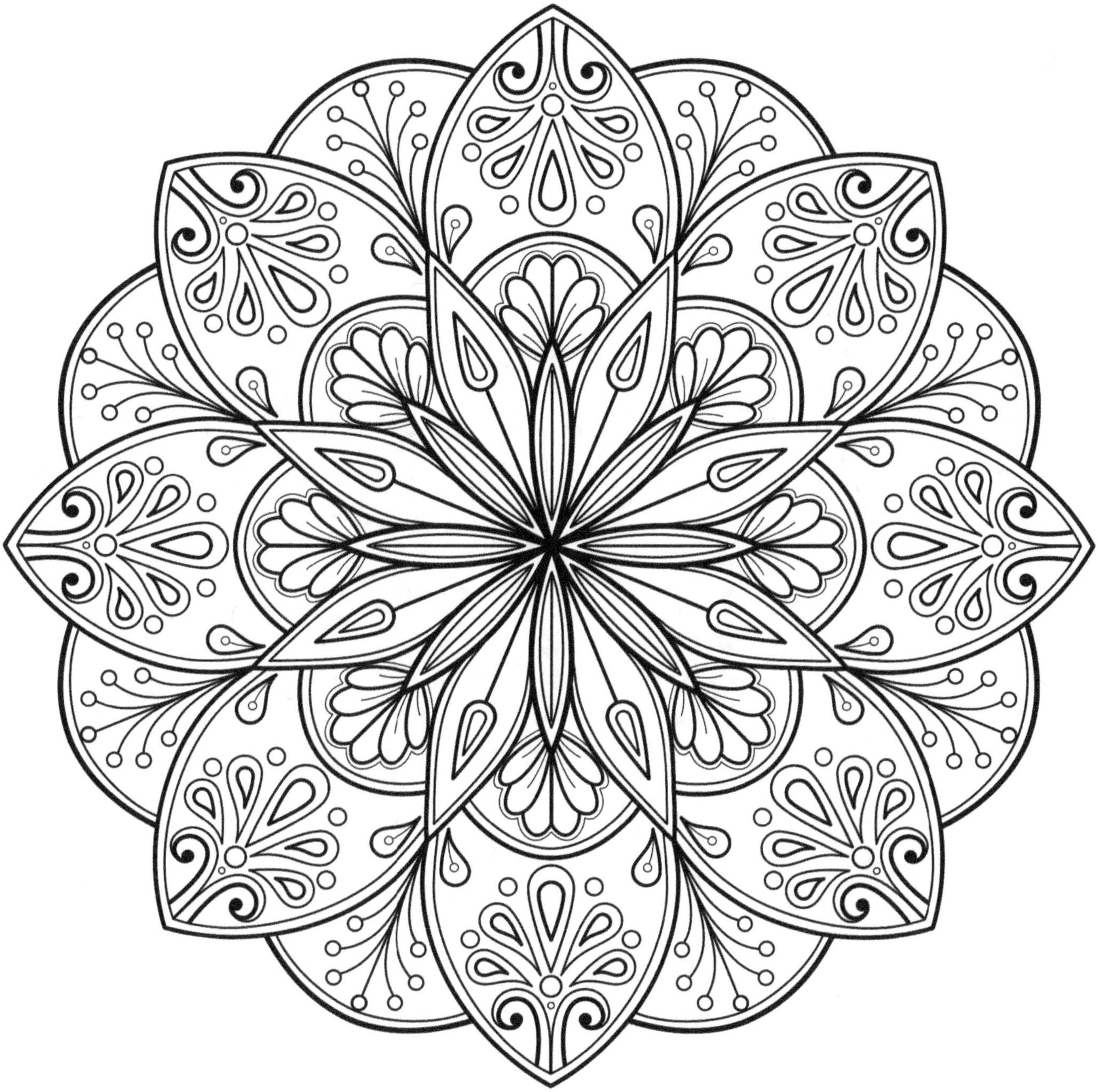

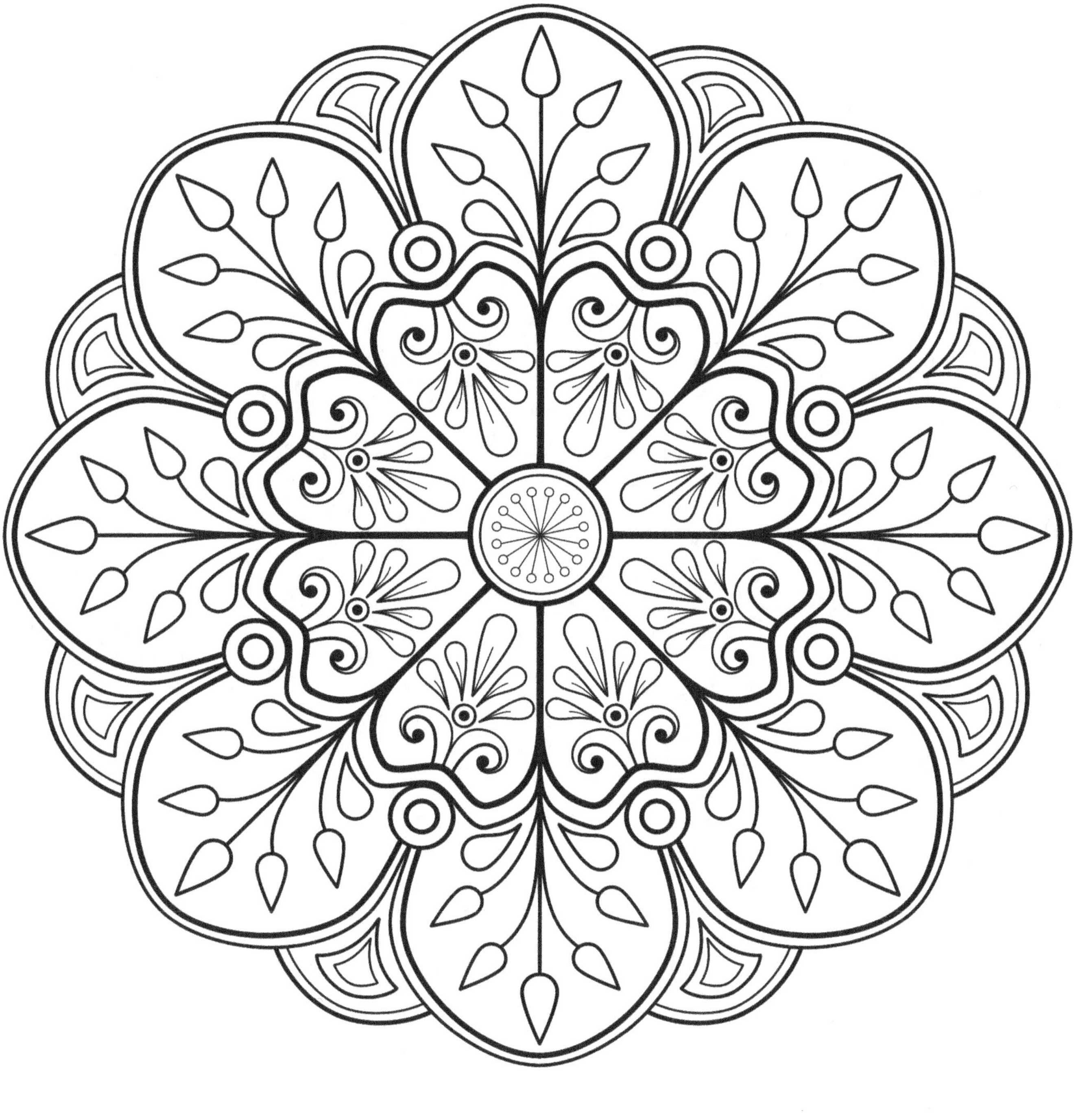

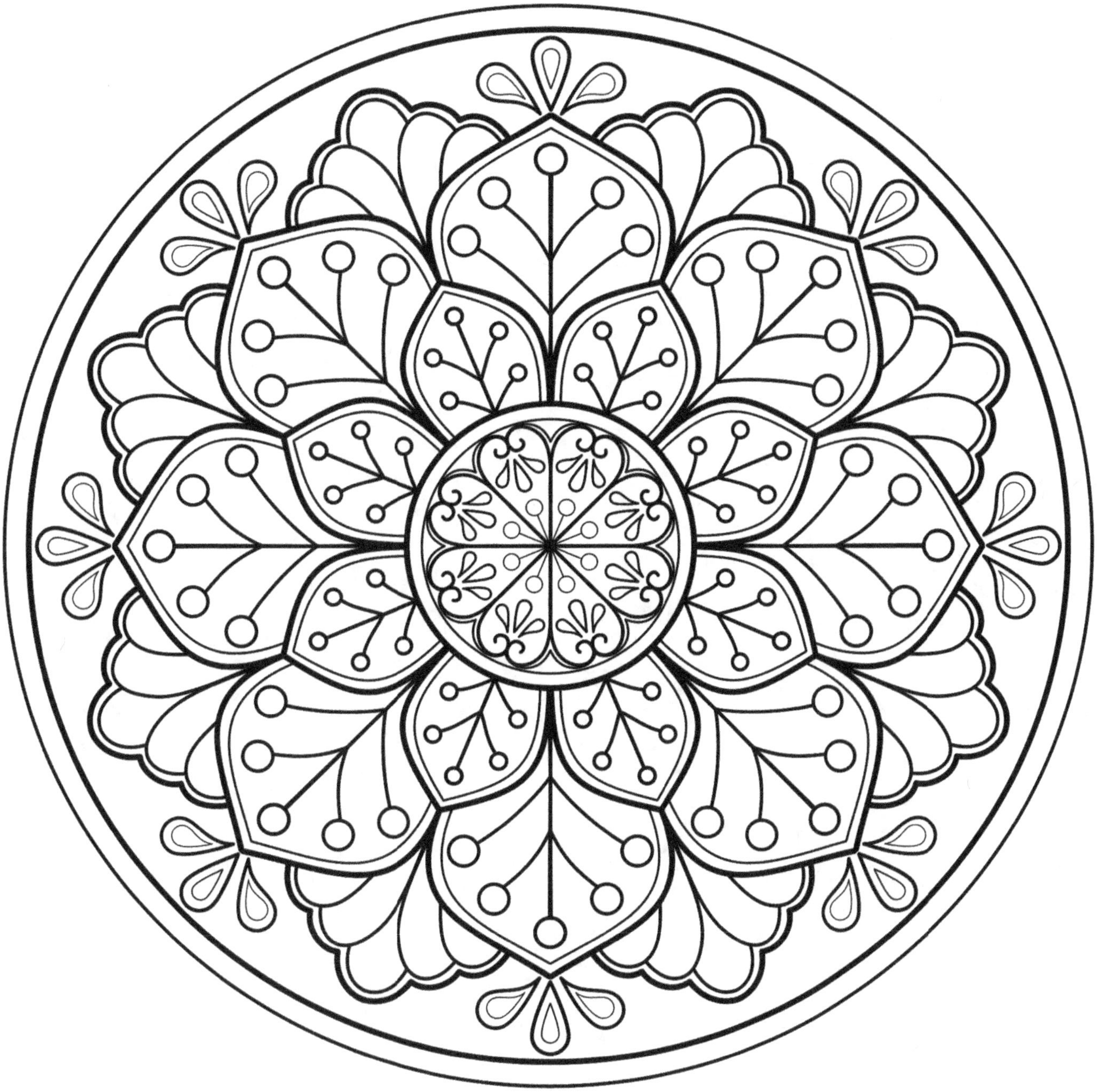

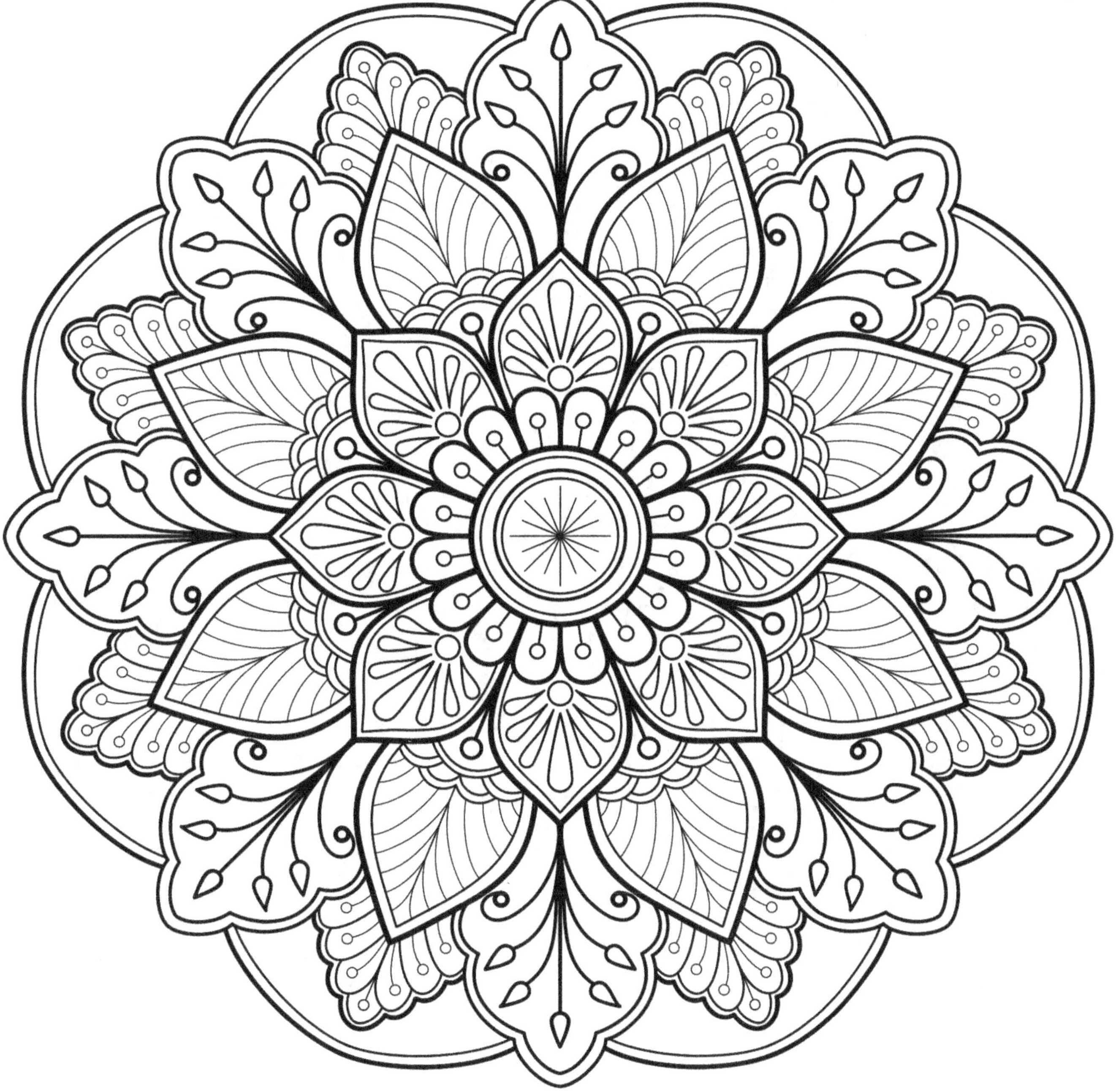

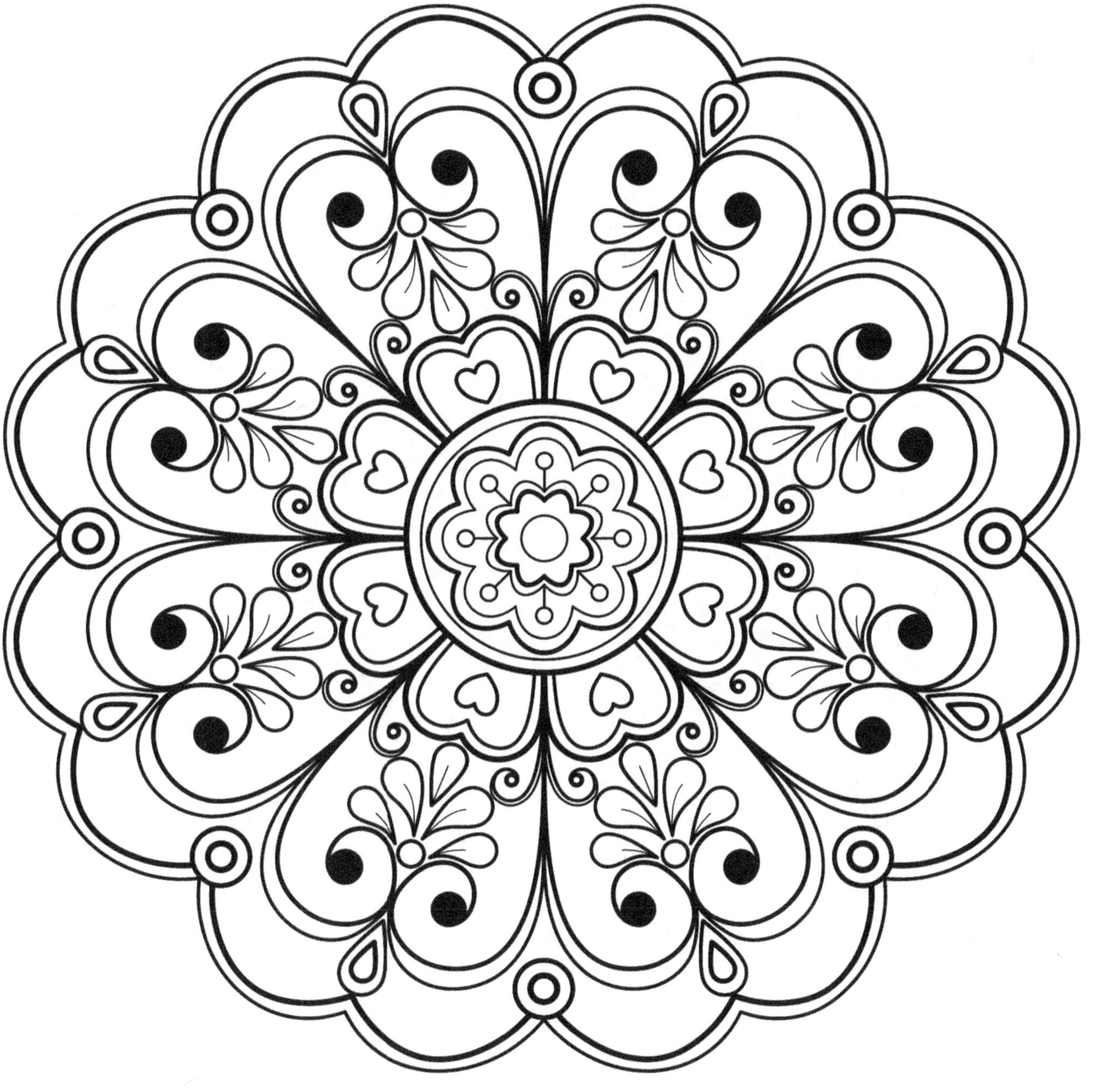

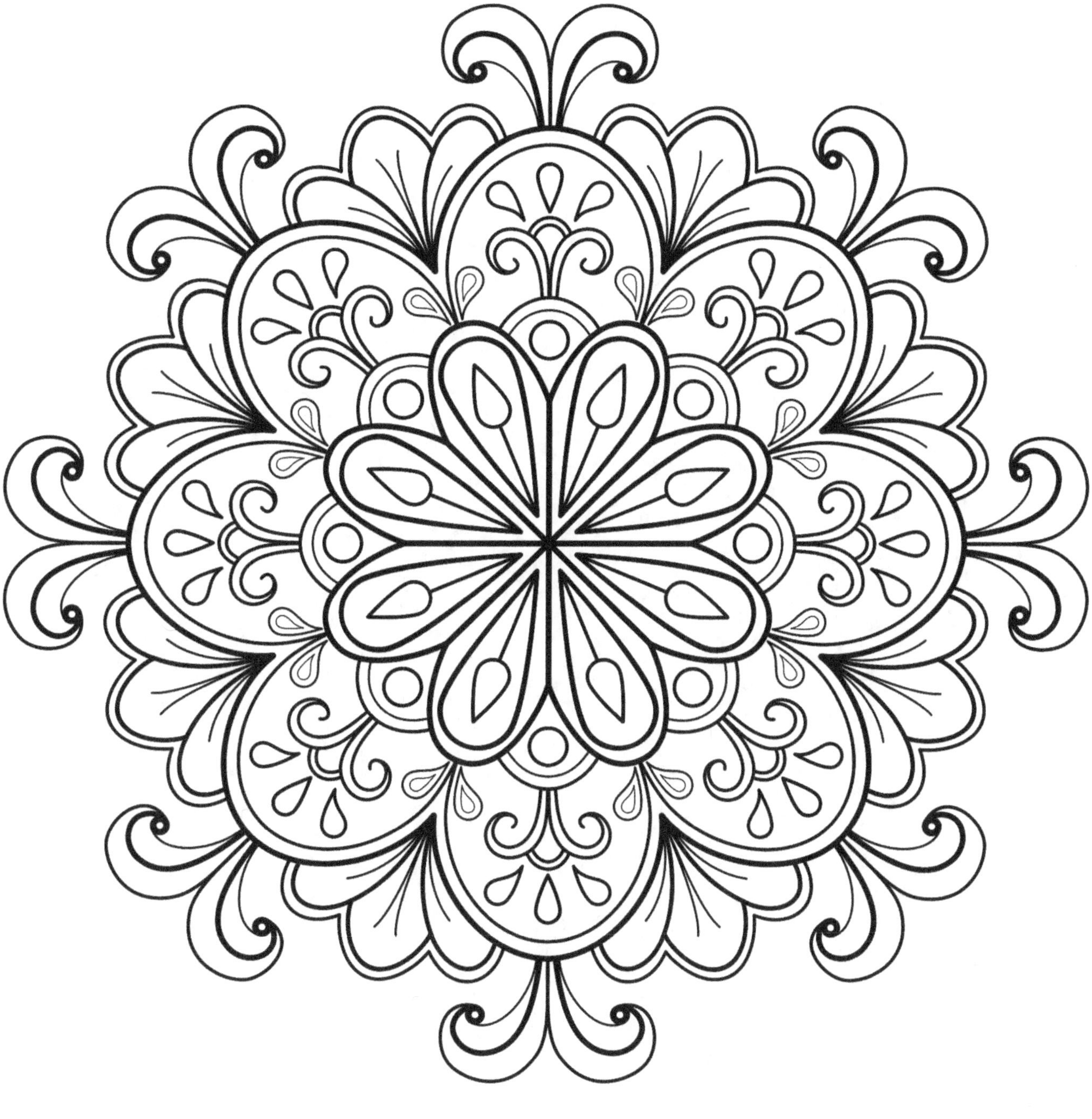

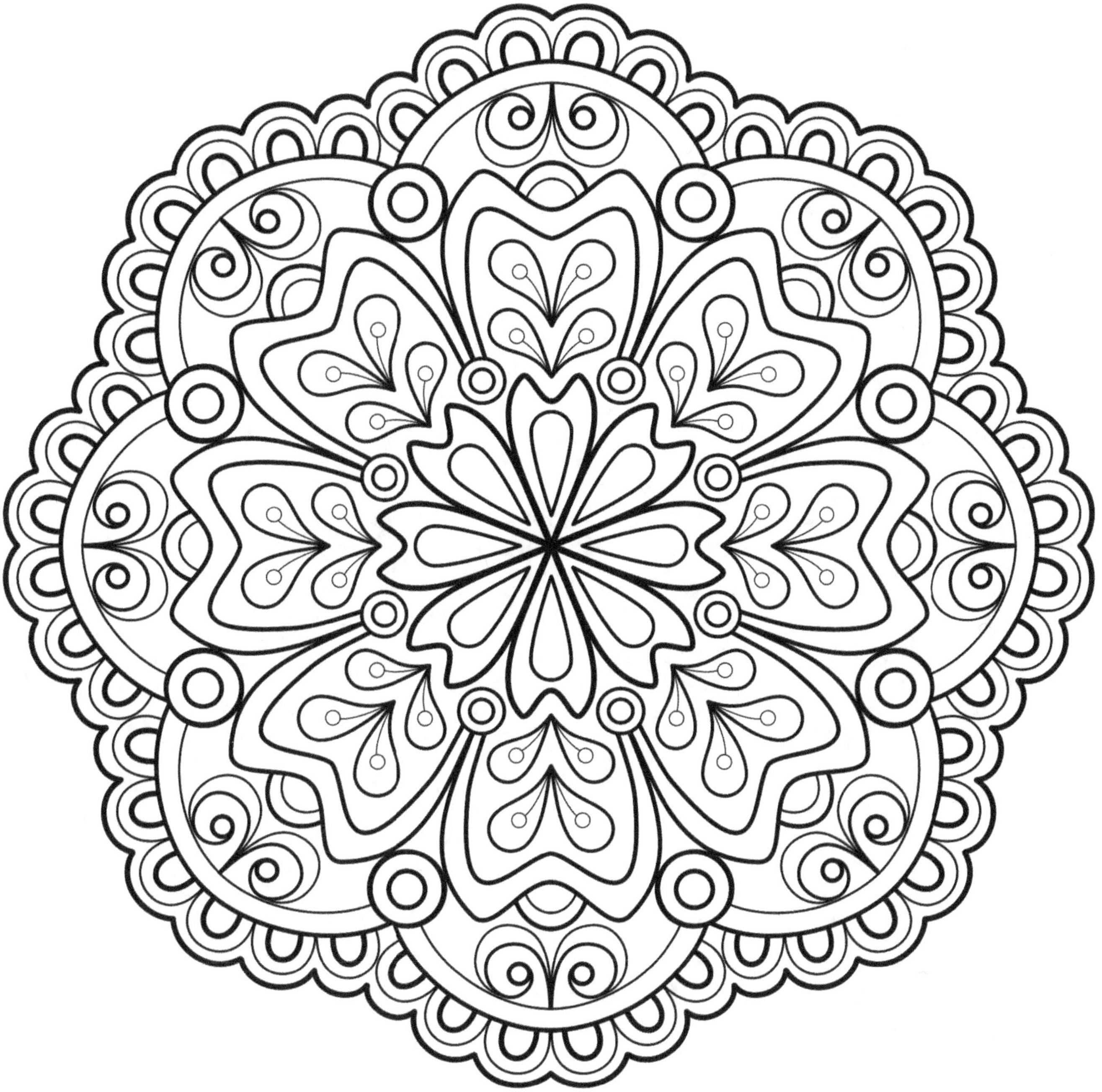

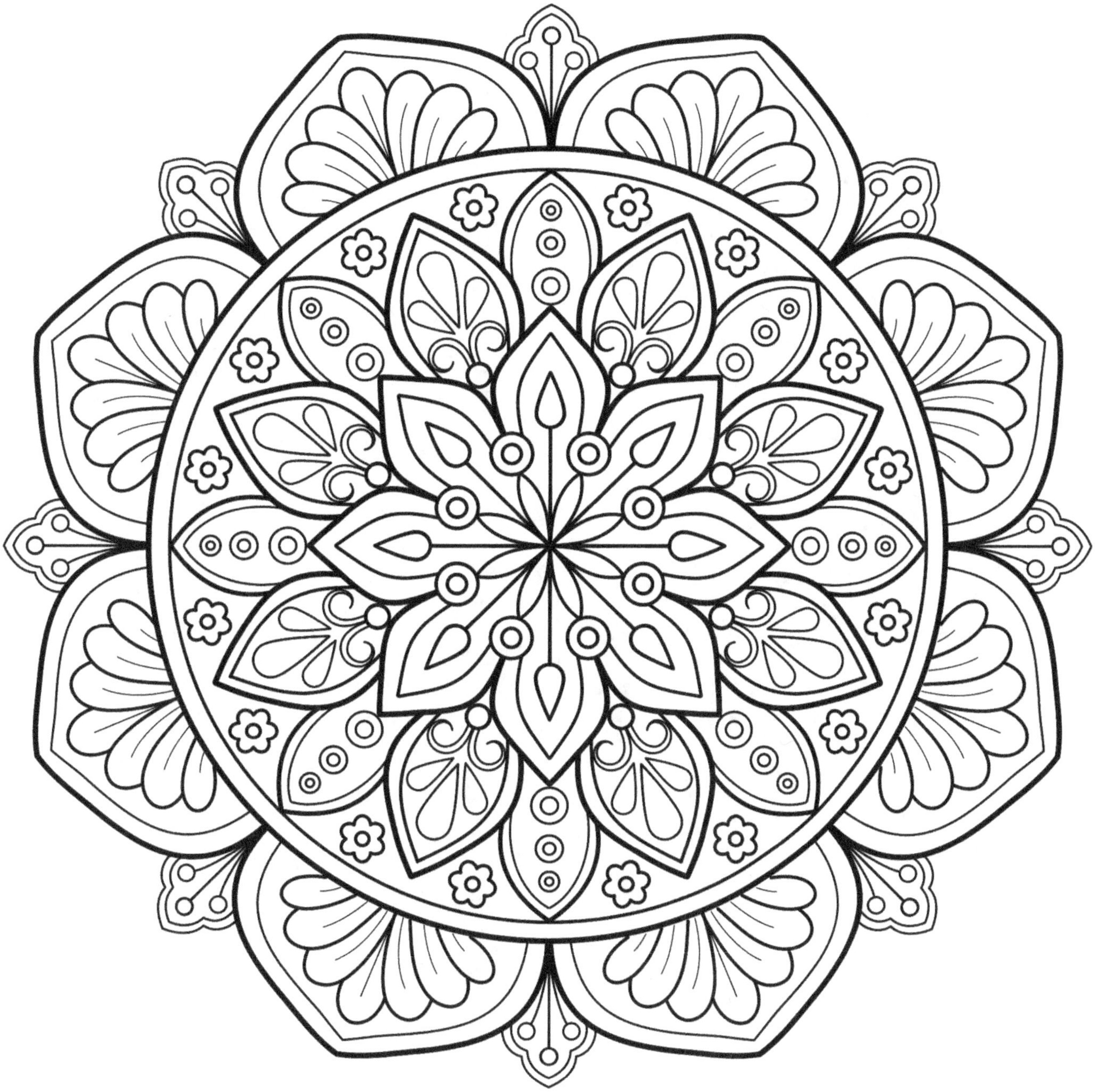

www.ingramcontent.com/pod-product-compliance
Lightning Source LLC
Chambersburg PA
CBHW080435290526
45791CB00008BA/2512
* 9 7 9 8 8 8 4 9 5 0 3 0 6 *